Sylone vientosur

La colección **CRÍTICA & ALTERNATIVA**

1ª edición: © Editorial Fontamara, S.A.. Diciembre de 1980

De esta edición:
© **Editorial Sylone** en coedición con ***viento* sur**
Abril 2024
www.sylone.net
Comte Borrell, 98 2º 1ª
08015 Barcelona

Diseño: **Jorge López García**
Diseño portada: **Gerard Garcia Ametller**
Maquetación: **Sònia Llena Hurtado**
Dep. Legal: B 3908-2024
ISBN: 978-84-128318-1-8

Impresión: **Artes Gráficas COFÁS**

LA CREACIÓN CULTURAL EN LA SOCIEDAD MODERNA

LUCIEN GOLDMANN

Sylone

VIENTO SUR

Índice

PRÓLOGO. LUCIEN GOLDMANN EN EL MAPA DEL MARXISMO. La creación cultural y humanismo marxista

Alberto Santamaría

Revolver entre las cosas de Lucien Goldmann

No hace falta dar un rodeo para comenzar. Lo podemos plantear de golpe, abruptamente: ¿por qué nos hemos olvidado de Lucien Goldmann? ¿Cuál es el motivo por el que lo hemos dejado tenazmente de lado? De acuerdo, es cierto, se trata de una pregunta quizá sin sentido, incluso tramposa; una pregunta que puede parecer ridícula desde cierto ángulo, lo asumo. Sin embargo, detrás de ella se posa una duda más amplia, más compleja —una duda de la que no podemos ocuparnos ahora— y que nos sitúa frente a la incertidumbre abrasadora de no conocer con exactitud el mecanismo (de por sí enigmático) sobre el que se construye la recepción exitosa de ciertas formas del pensamiento contemporáneo. Dicho de otro modo: a diferencia de Lacan, Althusser o Foucault, a los que él mismo definió en más de una ocasión (no sin cierta ironía) como "pequeño grupúsculo parisino"[1], o "pequeño grupo privilegiado [...] pequeña élite revolucionaria"[2], Goldmann no ha permanecido con la misma persistencia pública que los anteriores en el espacio crítico visible de la izquierda. Y no es por demérito, creo, de su obra, ni por un rechazo explícito y amplio a sus ideas humanistas. De hecho, algunos de sus herederos directos como Raymond Williams han tenido una mayor suerte en su recepción e incluso disfrutan de un reconocimiento más amplio entre las nuevas generaciones de la teoría crítica y cultural. La lenta cancelación del futuro, la manipulación y la devastación de lo posible que en la actualidad ha ocupado un buen número de páginas, forman parte del núcleo de la obra de Goldmann en torno a la creación cultural, y, sin embargo, su nombre es invisible. Ciertamente Goldmann ha aparecido alejado, fuera de foco, a veces impenetrable y otras veces como un personaje secundario. Hay excepciones o apreciaciones diferentes, por supuesto. Michael Löwy (que fue doctorando de Goldmann en París), por ejemplo, lo incluyó al final de su libro *El marxismo olvidado*, junto a un listado que incluía también a Antonio Gramsci o Rosa Luxemburgo. En esa obra aparece, en efecto, mencionado e incluso apreciado con solidez. Ahora bien, su presencia funciona para Löwy —no sin razón, por cierto— como correlato para recordarnos la importancia de la obra del primer Lukács, más que como pieza para desentrañar su propio pensamiento marxista.

Llegados a este punto, y para no extendernos sin sentido, afirmamos directamente, tal y como suponíamos, que no podemos responder, por tanto, a la pregunta

1 Lucien Goldmann, *Marxismo y ciencias humanas*, Amorrortu, Buenos Aires, 1971, p. 149.
2 Ibid., p. 131.

de por qué nos hemos olvidado de Lucien Goldmann. Ahora bien, lo que sí podemos hacer, usando una imagen intrusiva, es *revolver entre sus cosas*, con el objetivo de seguir la trayectoria de algunas de sus ideas y conceptos y comprender cómo, para el mapa actual del marxismo y para la relación cultura-política, es una pieza enormemente atractiva que, innecesariamente, hemos apartado. Él mismo reflexionó acerca del concepto de *actualidad* cuando hablamos de filósofos: "La actualización de un filósofo o de un pensamiento filosófico supone que lo comprendamos tal como fue, con sus diversos elementos positivos, su coherencia interna y su desarrollo en el interior de una realidad social, para ver cómo a partir de ahí algunos elementos pueden responder a nuestros problemas todavía"[3].

No cabe duda, en definitiva, de que el nombre de Lucien Goldmann no ocupa en la actualidad un lugar central en el mapa del marxismo. Sobre esto no hay demasiado debate. Es más, en un hipotético mapa de este tipo, con sus formas ordenadas y sus desfiladeros pronunciados, la obra de Goldmann aparecería casi con toda seguridad formando un alejado archipiélago apenas visible. Este carácter excéntrico es síntoma, a su vez, del periodo mismo en el que se desenvuelve su obra. Ahora bien, esta marginalidad no debe confundirse con la potencial inactualidad de su pensamiento. Lo que se propone con esta nueva edición, o así lo asumo en estas páginas, es tanto acceder a la compleja red de su pensamiento nucleado en torno al marxismo así como reactivar algunos de los conceptos que para el presente, y en

3 Lucien Goldmann, *La creación cultural en la sociedad moderna*, Ed. Sylone, Barcelona, 2024, p.170

la conexión cultura y política, son fuertemente útiles y sólidos.

Límites del marxismo

En septiembre de 1970 firma Lucien Goldmann la introducción a *Marxismo y ciencias humanas.* Pocas semanas después fallece a la edad de 57 años. Lucien Goldmann había nacido en Bucarest en 1913. Este dato es relevante. Aunque desde 1934 residió en Francia y obtuvo la nacionalidad francesa, nunca ocupó un lugar propio entre la intelectualidad francesa, o al menos se tejió a su alrededor cierta imagen de sujeto externo, a lo que tal vez él mismo contribuyó. Algo así como si realmente no encajase en el modelo de intelectual francés que se reclamaba. En cualquier caso, en la Universidad de París estudia economía, filosofía y literatura. Entre 1942 y 1943 vive en un campo de refugiados en Suecia y sólo tras la intervención de Jean Piaget, que fue uno de sus maestros, logra una beca para completar sus estudios en la Universidad de Zurich. Es en Zurich donde defiende su tesis doctoral sobre Kant en 1945, regresando al año siguiente a París, incorporándose al *Centre National de la Recherche Scientifique.* Desde ahí pasó en 1959 a *École Pratique de Hautes Études.* En 1961 se traslada a Bruselas con el objetivo de crear el *Centre de Sociologie de la Litterature*, cuya dirección asume en 1964. En este recorrido va desplegando las ideas y las formulaciones de un humanismo marxista difícil quizá de etiquetar, y que sólo su muerte truncó de un desarrollo más amplio. Su forma de acercarse a Marx, desde una visión humanista, focalizando la cuestión en la creación cultural, sin dejar de lado el componente de praxis socialista, resulta particularmente interesante.

En esa introducción a *Marxismo y ciencias humanas* marca Goldmann algunas de las líneas que han cruzado hasta ese momento su obra. En el verano de 1970 Goldmann desplaza o amplia el campo de visión. Desde sus primeros textos de corte marxista a comienzos de 1950 han pasado veinte años, y en ese margen de tiempo el capitalismo ha mostrado una rara capacidad de adaptación. Goldmann es consciente de que tras la Segunda Guerra Mundial el capitalismo, como una especie de monstruo sin cabeza, desplaza su ángulo de acción, estableciendo un sentido de penetración en la sociedad mucho más amplio. En su proceso de adaptación el capital entiende la realidad no como una lisa y pulcra superficie que ha de ser conquistada sino como una rugosa masa llena de pliegues, siendo en los pliegues, en las formas sin forma definida, en los juegos por venir, en donde es necesario actuar. El capitalismo no tiene cabeza, ni deseos, ni voluntad, pero sí posee una caótica necesidad de supervivencia (construida sobre la base de las necesidades individuales). Este quizá sea un descubrimiento fundamental para Goldmann. En resumen, el capitalismo funcionó así por integración lo que generó una progresiva adhesión de la clase trabajadora a los dogmas del capital. Una mayor productividad generó una potenciación del crecimiento económico que permitió una ampliación del modo de consumir. En lugar de una tendencia hacia la pauperización de la clase trabajadora, como auguraba el marxismo, el capitalismo descubrió la forma de conquistar la vida cotidiana, los ritmos de trabajo, ocio y consumo. De esta forma el juego económico o la batalla en este sentido parecía perdida. En un texto anterior había escrito:

> lo que caracteriza al capitalismo contemporáneo de organización y lo opone al capitalismo liberal e incluso al monopolista es el hecho de que al descubrir, elaborar y poner a punto mecanismos de autorregulación económica e incluso social que han hecho posible el auge económico y el desarrollo considerable de las fuerzas productivas que se mantiene casi sin interrupción desde la Segunda Guerra Mundial, introdujo, en un grado relativamente avanzado, la acción consciente y racional incluso a nivel de la producción global [...], esto conduce a los organismos dirigentes de la producción a intervenir a través del consumo incluso en la vida privada de los individuos, al tiempo que se desarrolla en éstos la tendencia a aceptar pasivamente e incluso saludar esta intervención[4].

Goldmann parte, en efecto, de esta idea o de este horizonte de análisis. Sin embargo, en el verano de 1970 insiste, con una fe renovada tras mayo del 68, en que *integración* no es sinónimo de *obediencia*, ni mucho menos de *aceptación*. Entre las particularidades del pensamiento de Goldmann se sitúa su forma de comprender la dialéctica desde el punto de vista de la imposibilidad misma de un orden capaz de asumir la dominación completa. O, dicho de otro modo: la clase dominante no puede ser *absolutamente* dominante. Por lo tanto, la integración no puede realizarse absorbiendo cada célula de las relaciones sociales. Pueden condicionar, por supuesto, pero no diluir hasta la nada

4 Lucien Goldmann, *La creación cultural en la sociedad moderna*, op. cit., p. 62.

el impulso humano de cuestionar la cuantificación y la cosificación. Desde 1848 hasta mayo de 1968, afirma Goldmann, ha existido, aunque sea de modo subterráneo, aunque sea de un modo casi asfixiado o incluso errático, la forma de una energía revolucionaria que mostraba el sentido de una imposibilidad total del capitalismo. Mayo del 68 le ha empujado a albergar esperanzas, de hecho, al modo luxemburguista, considera que los errores pueden ser fecundos, porque muestran o pueden permitir el descubrimiento de nuevas esferas críticas o demandas políticas. La tragedia burguesa, como la definía Lukács y que Goldmann recupera, parte del dato de un capitalismo incapaz de ser *totalmente capitalista.* Hay un principio, o una manera de mirar la realidad que nos empuja a sostener que las formas de asentamiento del capital han desecho (y siguen en este proceso) todas las posibles esperanzas de transformación, que el capitalismo ha abrasado cada pliegue de la vida cotidiana, y, sin embargo, a pesar de esta constatación diaria, nadie, absolutamente nadie opera diariamente de un modo totalmente capitalista. Este es el delirio: existe la acuciante y profunda sensación de desastre capitalista, de abrasadora fuerza que todo lo puede, y que tiñe cada uno de nuestros gestos, pero cada día *experimentamos* en nuestras prácticas más cotidianas acciones que se alejan del imperio cultural del capitalismo. Es esa franja, ese límite entre el capitalismo y su imposibilidad cotidiana lo que destaca Goldmann. Incluso llega a afirmar: "las posibilidades de que tal transformación se produzca efectivamente son mucho mayores que lo que yo creía cuando redacté algunos de los artículos incluidos en el presente volumen"[5]. Más allá del optimismo exagerado que delata en sus últimas semanas de vida,

5 Lucien Goldmann, *Marxismo y ciencias humanas*, op. cit., p. 11.

Goldmann entendió que una postura crítica y dialéctica implica siempre la necesidad de comprender las dinámicas históricas como totalidades fluyentes y nunca terminadas. El capitalismo nunca está terminado y, por tanto, siempre es susceptible de ser herido. Ahora bien, la fuerza y la potencia del capitalismo reside, afirma, en el lento proceso por el cual es capaz de cavar en cada sujeto un vacío, una entidad hueca por la que asumimos las ideas motrices del capital, sus movimientos y delirios, como racionalidad, como verdad, pero sobre todo, como *nuestras propias creencias.* Deshacer este circuito implica un proyecto revolucionario pausado pero cada vez más urgente y necesario si el objetivo es una salida socialista que supere las fuerzas de la barbarie. Ante cada intento de abrir una herida el capital reaccionará asumiendo esa herida, haciéndola propia, maquillándola, como un principio que le puede permitir otro proceso más amplio de integración. Marx en *El capital* usaba esta misma metáfora hablando del conquistador "del mundo, que con cada nuevo país no hace más que conquistar una nueva frontera"[6]. Esto, en cualquier caso, no evita la necesidad de generar procesos culturales desde los cuales sea factible generar densidades e intensidades, como gruesos enjambres, que puedan ir creciendo y haciendo más grande la herida. En esto reside la esperanza del humanismo marxista de Goldmann, así como su postura socialista. La cultura,

6 Karl Marx, *El capital. Crítica de la economía política,* Siglo XXI editores, Madrid, 2017, p. 188.

dirá unos de sus seguidores, Raymond Williams, es una forma de lucha.

Creación cultural

La expresión *creación cultural* es utilizada por Lucien Goldmann con la finalidad de describir el modo en el que la praxis cultural es capaz de *crear* socialmente (es decir, de transformar colectivamente) en un doble sentido: a) entiende crear como *estabilizar y dar forma* a una visión del mundo que de ningún otro modo era posible comprender y, por otro lado, b) entiende esa creación como proyección dialéctica, como escenificación de las posibilidades internas de la historia y de la sociedad presentes. Este es el doble eje sobre el que marxismo de Goldmann bascula para hablar de creación cultural, dentro de la cual sitúa al arte, la literatura y la filosofía. A través de estas prácticas cabe la posibilidad de acceder tanto a la conciencia estable, al equilibro afectivo de un periodo como al latido de un cambio, a la percepción sensible de una mutación tectónica de la época. El resultado es el modo en el que el sujeto colectivo se transforma él mismo en sujeto creador, con plena orientación revolucionaria. Pero vayamos por partes. En un momento dado Goldmann escribe: "La creación cultural conlleva una unidad y una coherencia que favorecen la toma de conciencia colectiva, en suma, que la creación literaria tiene por función, entre otras, ayudar al grupo a tomar conciencia de sus problemas y de sus aspiraciones"[7]. Este es el interés de Goldmann en la década de 1960. A través de la actividad analítica tratar de desbrozar y activar las fuerzas de la creación como piezas y formas revolucionarias. Frente al modelo de una creación cultural que favorece sin reservas el

7 Goldmann, *Marxismo y ciencias humanas*, p. 41.

modelo del genio individual, Goldmann desde sus primeros escritos, defiende la necesidad de entender la creación cultural como una tensión de capas opuestas, como una confrontación entre lo individual y lo social, entre lo personal del sujeto creador y el modo en el que lo creador se vincula con el espacio social y colectivo. Separar ambas esferas (es decir: artista individual y su obra por un lado, sociedad por otro) conduce tanto a un fetichización irresponsable que mitologiza y desactiva la creación como fuente de toma de conciencia y, por otro lado, desarma su sentido propiamente creativo por el cual es capaz de proyectar nuevos equilibrios. A esto dedica Goldmann una importante cantidad de páginas y conferencias.

En este libro, *La creación cultural en la sociedad moderna*, que no es propiamente un libro, sino una recopilación de textos dispersos, estudia, entre otras, una noción clave para su proyecto filosófico y político. Me refiero a la noción de *conciencia posible*, que traduce a su vez —con cierta libertad— el concepto *Zugerechte Bewusstein* que aportan Marx y Engels en *La sagrada familia* y que reaparece en el libro fundacional para el pensamiento de Goldmann, *Historia y conciencia de clase* de Lukács. Esta noción de *conciencia posible* se relaciona con la de *sujeto colectivo*, es decir: ese espacio desde donde es posible concebir las formas de sentir de una época, las instituciones, etc.

La noción de *conciencia posible* apunta hacia un aspecto central para lo que podría ser una estética *desde* el marxismo[8], y tiene como referencia el modo en el

8 No creo que sea posible construir una *estética marxista*, en cuanto que todos los intentos a este respecto terminan, casi en su totalidad, por ser una suerte de sociología del arte. En cambio, parece de mayor interés hablar de una *estética*

que es factible generar afectivamente una transformación sensible en una colectividad. ¿Cuál es el máximo de conciencia posible de un grupo? ¿Cómo es posible construir una dinámica capaz de generar una alteración en la concepción de lo real? Estas preguntas son espacios de análisis que desde el marco cultural pueden aportar luz acerca de los periodos y sus nudos formales. Un análisis cultural opera sobre este cifrado de lo *posible* que excluye lo meramente cuantitativo. ¿Cómo pensar sino el cambio cultural? *Lo posible* no es algo fácilmente identificable a través de una serie de tablas y gráficos. Estos son recursos cuantitativos cuya funcionalidad puede permitir realizar proyecciones en base a lo real-establecido, lo cual sin duda es fundamental. Sin embargo, las prácticas culturales en un sentido amplio hablan un idioma que no se reduce a lo real-actual, simplemente. Quizá hoy esto suene extraño en la medida en que la mayoría de las prácticas artísticas actuales están atravesadas y enraizadas hasta lo perverso en el mercado y son operativamente nulas, en general, como factor transformador, pero aún así, incluso en esos espacios, en determinados giros, acciones, procesos, podemos detectar prácticas y expectativas de lo que puede ser *diferente*. ¿Hasta dónde, cuál es el máximo posible que un grupo social puede asumir para cambiar su registro mental, para producir una mutación cultural?

Ahí entra el interés por Lucien Goldmann. Existen dos dimensiones fundamentales que caracterizan lo humano y su comportamiento, sostiene: por un lado, la tendencia de adaptación a lo real, y, por otro, y en

desde el marxismo. Esta estética tendría en autores como Goldmann una pieza elemental.

conexión con esto, una disposición a la superación de lo real en dirección a lo posible. Esa adaptación a lo real —que tiene la forma del sometimiento— implica una tendencia a mantener los equilibrios formales ya establecidos sin apenas variaciones; sería una forma de apuntalar las formas de consenso hasta naturalizar su existencia. De este modo, una vez estabilizado un relato de orden uno se adapta a él (por interés consciente o no) aceptando este relato como *verdad*. "No hay alternativa", se nos dirá. Esto conlleva el peligro de convertir esos equilibrios (por definición provisionales) en principios estáticos e inmóviles. Es decir, se caería en el peligro de convertir *en verdad* lo que sólo era un proceso o un atisbo de sentido. Es en esa situación de estatismo cuando puede aparecer —emerger, en realidad— una tendencia de intensidad diferente (y en sentido opuesto) que empuje hacia la búsqueda de un equilibrio disonante e inesperado. Goldmann señala, partiendo de esta idea, cómo en los diversos ámbitos teóricos relacionados con el análisis social hay un interés fuerte por conocer la conciencia real (actual) de un grupo, es decir, lo que *ahora mismo piensa, siente, vota o percibe* esa colectividad. Para este fin la sociología echa mano de las estadísticas, medios cuantitativos, etc. Incluso sobre ello proyecta hacia futuro, pero reduciendo el análisis a los resultados de esas tablas y dígitos, como si fuese un trozo de madera al que agarrarse en medio de lo que cambia incesantemente. Sin embargo, desde su perspectiva analítica, Goldmann considera que el camino adecuado sería estudiar y lograr acercarnos a pensar *qué cantidad de cambios puede asimilar ese grupo y de qué carácter serían*, y esto ya es más complejo e inaprensible. Así afirma que *lo posible* es la categoría fundamental para comprender la historia en su propio despliegue. Eso le lleva a formular la diferencia entre una sociología positivista y una sociología que él denomina dialéctica. La primera se conforma con tomar una foto lo más exacta y fiel posible de la sociedad existente, mientras que la segunda, que defiende Goldmann, está atenta a las llamadas *tendencias virtuales* que están orientadas a la superación del equilibrio dado. Resumiendo mucho: la sociedad no es un todo homogéneo ni mucho menos está definida completamente, ni siquiera podemos ver sus bordes, sus fronteras. Al contrario, la sociedad sería un proceso que tiende siempre a un equilibrio que será provisional en la medida en que la sociedad se está modificado constantemente. En esto reside la pugna entre sociedad e individuo: en la imposibilidad de una realidad estancada. Goldmann escribe: "la vida de los hombres y de los grupos sociales no es un estado, sino un conjunto de procesos"[9]. ¿Y qué lugar ocupa la creación cultural en esta trama? La obra de arte en este sentido funciona como extraño mecanismo dentro del cual es posible hallar las estructuras de un máximo de conciencia posible, un lugar desde el que es posible observar cómo pueden operar o penetrar los cambios sociales presentes, pero igualmente las mutaciones futuras. Un individuo único no es capaz de generar ni producir formas de ver el mundo, éstas son producciones colectivas. El individuo se halla situado sobre una trama social, política, histórica y económica que opera tanto sobre él como sobre lo colectivo. Las mutaciones dentro de esa trama no pueden reducirse, pues, a un simple proceso individual. A pesar de ser una herramienta fundamental esta reducción provoca una pérdida de sentido general del proceso creativo. Entre otras cuestiones Goldmann lo expresaba así: "creo que el pensamiento

9 Lucien Goldmann, *La creación cultural en la sociedad moderna*, Ed. Sylone, Barcelona, 2024, p.41

y la obra de un autor no pueden comprenderse por sí mismos permaneciendo en el plano de los escritos e incluso en el de las lecturas y las influencias. [...] El pensamiento [...] sólo es un elemento del conjunto que es el grupo social. [...] Además, frecuentemente el comportamiento que permite entender la obra no es el del autor, sino el de un grupo social"[10]. Una obra no puede reducirse a la biografía del autor, ni explicarse únicamente como reflejo mecánico de la sociedad, ni a partir del deseo o la explicación dada por el autor. Esto no quiere decir que estos planos no sean de importancia. Lo son, sin duda, y, en ocasiones nos dan la pista clave. Ahora bien, la obra es más que todo eso. Una obra contiene tendencias e intensidades sociales que no dependen del artista, sino que están ahí, ocultas y presentes a la vez, y que es necesario traer el primer plano.

Al final de un conjunto de información hay siempre un ser un humano que la recibe y que está, a su vez, incrustado en una escena mayor de informaciones y voces. En ocasiones la conciencia receptora es opaca a esa información, en otros momentos esa información que penetra es aceptada y en otros esa información es claramente deformada. Es precisamente en ese juego triangular donde se van estructurando formas de sentir, donde van mutando lentamente estructuras afectivas, etc. Ese juego cultural sirve para tratar de observar los límites de un lugar, las transformaciones que cabe esperar de un periodo. Escribe: "Hay que encuadrar el objeto estudiado de forma que podamos estudiarlo como desestructuración de una estructura tradicional y como nacimiento de una estructura nueva"[11]. Lo

10 Lucien Goldmann, *El hombre y lo absoluto*, Península, Barcelona, 1968, p. 17.
11 Ibid., p. 42.

resume así: de lo que se trata es de "preguntarse no qué piensa hoy tal miembro del grupo social sobre la nevera y el confort, sobre el matrimonio y la vida sexual, sino cuál es el campo de conciencia en el interior del cual tal o cual grupo de hombres puede [...] variar sus formas de pensar sobre todos esos problemas"[12]. Y añade otro ejemplo, quizá más directo: "En efecto, con sus métodos descriptivos, los métodos de encuesta, esa sociología se interesa sólo por lo que la gente piensa efectivamente. Ahora bien [...] la encuesta más precisa posible, hasta con métodos mil veces más perfectos que los que hoy tenemos a nuestro alcance, probablemente habría constatado en enero de 1917 que la gran mayoría de los campesinos rusos eran fieles al zar y ni siquiera se planteaban la posibilidad de un derrocamiento de la monarquía en Rusia, mientras que a fines de año esa conciencia real de los campesinos había cambiado radicalmente en este punto" [13].

Todo grupo tiende a conocer más o menos adecuadamente su propia realidad, pero su conocimiento no suele o no puede ir más allá de un máximo compatible con su existencia. Hay ciertas informaciones que solo pueden pasar si se consigue una transformación efectiva de la estructura del grupo. La cuestión reside en cómo llegar a ese límite, de qué forma empujarlo y estabilizar otras líneas discursivas.

Goldmann parte del hecho de que la sociedad no constituye un todo de carácter homogéneo, sino que se compone de grupos más o menos parciales entre los que se dan relaciones múltiples y complejas. Relaciones que

12 Ibid., p. 44.
13 Lucien, *La creación cultural en la sociedad moderna*, op. cit., p. 36.

incluyen, en ocasiones, la filtración de un grupo en otro, o la intoxicación. La pugna o la tensión vital entre estos grupos genera a su vez un extraño equilibrio, que en ocasiones es más rígido y en otras es precario, pero en todos los casos conlleva un núcleo de valores específicos y particulares. Ahora bien, cabe la posibilidad de que la aceptación por parte del grupo de alguna información disonante, aun estando de acuerdo con la estructura del grupo, provoque a su vez efectos que desplacen o sacudan el equilibrio que las tensiones entre grupos tienden a generar. Esa disonancia, por tanto, para ser efectiva, para amplificar los límites, no ha de afectar tan sólo a un grupo, sino que su objetivo es modificar la estructura social más amplia.

El espacio de las formaciones y prácticas culturales, como ya hemos señalado, recoge en su interior un extenso y nada relajado campo de batalla. Las prácticas culturales no dejan de ser recursos vinculados a los espacios de la cultura dominante, a las formaciones sociales ideológicas, a la sociedad y a las mutaciones políticas y de mercado. Todo eso es cierto, y por eso quizá es un territorio privilegiado para el análisis de lo real, pero a su vez, conociendo todos sus condicionamientos, es el lugar dentro del cual es posible excavar con el objetivo de aproximarse al máximo de conciencia posible. Escribe Goldmann: “las obras filosóficas, literarias y artísticas resultan tener un valor particular para la sociología porque se aproximan al máximo de conciencia posible. [...] Si esas obras tienen un valor privilegiado no sólo para la investigación sino para los hombres en general, es porque corresponden a aquello hacia lo que tienden los grupos especiales de la sociedad, a ese máximo de toma de conciencia que les es accesible, y al revés, el estudio de esas obras es por la misma razón uno de los medios más eficaces [...] para conocer la estructura de la conciencia de un grupo"[14]. Este es el motivo por el que el neoliberalismo se ve empujado a sofocar toda la trama de lo posible que vaya en dirección opuesta. La obra nos puede servir como diálogo acerca de las estructuras presentes así como sobre las posibilidades internas de esa conciencia colectiva.

La idea de *conciencia posible* que parte de Marx puede considerarse, por tanto, como la estructura afectiva desde la cual es factible una reanimación y actualización de esferas que estaban en áreas externas de la conciencia social presente. Las huellas de esta propuesta nos llevan hasta *El manifiesto comunista*. Esto es, la relación entre las formas dadas en el presente y el modo en el que es posible fracturar la estabilidad del poder de ese presente desde una toma de conciencia radical y colectiva de lo que ya existe y, sin embargo, no ha adquirido aún forma colectiva, de lo que todavía no ha emergido a pesar de que su latido ya es percibido. Como señalaba antes, esta *conciencia posible* tiene a su vez sus momentos e intensidades. En la actualidad quizá parezca un término oscuro, sin embargo, sin él estamos aceptando plenamente la forma del "no hay alternativas". En cualquier momento, atravesar un periodo es dialogar con su *conciencia posible*, con sus límites y con la posibilidad de ir o no más allá de ellos. ¿En qué medida las prácticas culturales en el capitalismo tardío, en medio del imperialismo económico, siguen

14 Ibid., p. 49.

explorando los límites de esa *conciencia posible*? Ese es el campo de batalla.

Las obras funcionan de este modo como espacios a través de los que cabe comprender y detectar —con todo el ruido y la complejidad que hay tras ellas— ese máximo de conciencia posible. No obstante, el capitalismo tiene la capacidad de encoger y adelgazar todo lo posible (toda conciencia proyectiva) mientras provoca una adaptación vacía a lo real. Escribe Goldmann: "Toda obra importante, toda corriente filosófica o artística tiene un alcance y ejerce una influencia sobre el comportamiento de los miembros del grupo y, a la inversa, el modo de vivir y actuar de las diferentes clases sociales de una época dada determina en gran medida la vida intelectual y artística de ellas"[15]. Tras esta lectura de Goldmann late el pulso del Marx que incide en la necesidad de comprender la vida humana desde su componente autocreativo. Es el territorio desde el que concibe Goldmann su análisis de los procesos culturales. Pero, ¿dónde queda esta tendencia dialéctica de lo posible, que apela al proceso creativo para gestar lo disonante, en medio del fango del capitalismo neoliberal? Décadas antes que algunos pensadores y críticos culturales actuales, Goldmann entabló un diálogo entre el avance del capitalismo, la dimensión de lo posible y las prácticas culturales. Su línea de trabajo se diferencia de la escuela de Frankfurt así como de otros autores cercanos o lejanos (como Althusser). Escribe Goldmann:

> la problemática fundamental de las sociedades capitalistas modernas no se sitúa ya al nivel de la miseria

15 Lucien Goldmann, *Investigaciones dialécticas*, Instituto de Filosofía, Universidad Central de Venezuela, Caracas, 1962, p. 50.

> —aunque ésta, repito, existe todavía incluso en los países industriales más avanzados—, ni siquiera al nivel de una libertad directamente limitada por la ley o por la coacción exterior, sino en el encogimiento del nivel de la conciencia, y, por lo mismo, en la tendencia a la reducción de esa dimensión fundamental del hombre que es la dimensión de lo posible[16].

Esto lo escribe en 1969, en el libro que aquí nos reúne. El modo en que el capitalismo funciona muestra que ha sobrevivido a las crisis usando para sí todas las formas que en apariencia lo debilitaban. Los mecanismos de corrección del capitalismo tienen esa función. Es un momento previo, anterior a lo que vendrá: el paroxismo neoliberal. En este proceso, la reducción de lo posible en la conciencia de los sujetos es la marca de un avance antes desconocido. Esa calcinación de lo posible es una señal de su propia crisis. Esta crisis del capitalismo conlleva la creación de una especie de embudo por donde se redirigen todas las prácticas y expectativas hacia las propias funciones de supervivencia del capitalismo. Sin embargo, en consonancia con algo que ya hemos comentando, a pesar de lo asfixiante de la situación (presente y pasada) "hay tendencias a la superación de esta situación". La sociedad es un tejido complejo donde la dominación cultural, por mucho que algunos marxistas se empeñen en lo contrario, nunca es completa, jamás es totalmente dominante.

Cuando Goldmann nos narra esto, el neoliberalismo empuja lenta pero inevitablemente mientras que el discurso de las prácticas culturales disonantes se extrema, tratando de ensanchar el espacio de la creación, de la

16 Goldmann, *La creación cultural en la sociedad moderna*, op. cit., p. 83.

autocreación individual y colectiva. Y es así, quizá, porque ninguna obra de arte habla únicamente de sí misma, sino de nosotros como sujetos dentro de un tejido más amplio. Esa fricción cultural está detrás de las palabras de Goldmann, quien incluso lo expande al concepto mismo de arte proletario. Llega a decir: "El arte proletario, por ejemplo, es aquel que ve sus creaciones con los ojos de un obrero revolucionario, y no el que quiere demostrar la justeza de la doctrina socialista o comunista"[17]. Las prácticas culturales no son lugares concebidos para la doctrina de un partido, sino que, sin dejar de ser políticas, ejercen su fuerza como intensidades que abren la posibilidad a nuevas concepciones de la vida, a nuevas formas de lucha que no estaban previstas. Descubren su materia política en el proceso mismo de su creación, tratando de hacer visible el latido de lo social. En ocasiones, esta materia política flota en las propias mutaciones formales que se conectan con las culturas residuales. Pero también el espontaneísmo juega un papel inesperado y positivo. El arte está condicionado por las disposiciones materiales, es cierto, y sin embargo posee igualmente la capacidad de desbordarlas inesperadamente, haciendo surgir formas colectivas donde antes había sólo un desierto, o una serie de piezas aisladas. Las formas disruptivas del arte tienen en común la fuerza del espontaneísmo que poseen igualmente las revueltas.

Junto a esta cuestión, rescatamos otra lectura que es necesario revisar. En el avance del imperialismo económico a finales de los años sesenta, pero sobre todo en el comienzo de la década siguiente, podemos reconocer con facilidad un mapa donde al mismo tiempo

17 Goldmann, *Investigaciones dialécticas*, op. cit., p. 54.

observamos, desde la creación cultural, un rechazo de la sociedad como mercado que se conecta intensamente, a su vez, con un cuestionamiento de esa sociedad. Este rechazo de una sociedad que funciona según patrones de mercado es esencial para comprender las formaciones culturales posteriores. Al mismo tiempo, esto tiene su reflejo en la proyección de radicales (en algunos casos) cambios formales. Es decir, el desprecio por la imagen de la sociedad convertida en sociedad de mercado tuvo el efecto, en el arte, de una búsqueda de nuevas formas expresivas. Por eso Goldmann apunta de nuevo: "un arte que rechaza esta sociedad, un arte humanista que señala los peligros de ésta para el hombre debe hablar necesariamente para ello ese lenguaje nuevo"[18]. Es algo que en Rimbaud aparece mientras se enfrenta a la Comuna al decir que "las imágenes de lo desconocido exigen nuevas formas", y es algo que reaparece en el mapa de las variaciones culturales del capitalismo. El arte ya no se reduce, considera Goldmann, a un conjunto de peripecias individuales, sino que la obra es una radical interrogación sobre la existencia del hombre en el mundo moderno. Esta pregunta produce disonancias y genera espacios completamente inexplorados.

A este respecto, en este libro, hallamos una de las síntesis más potentes de su obra: la afirmación de que la creación cultural posee un estatus privilegiado en la medida en que esa creación elabora universos que si bien se corresponden necesariamente con las estructuras mentales del grupo del que brotan, sin embargo logran alcanzar un nivel de coherencia más avanzado que el que posee ese mismo grupo. Esto es, la creación cultural no es tanto la creación del algo concreto, algo

18 Goldmann, *La creación cultural en la sociedad moderna*, op. cit., p. 91.

que no existía previamente, como la constitución coherente de un espacio previamente caótico que en un momento dado adquiere orden y potencia transformadora en la creación cultural. Éste sería así el mecanismo por el que la conciencia colectiva puede asumir y proyectar posiciones que si bien existían anteriormente en la sociedad de un modo deslavazado, adquieren orden y estructura proyectiva en la creación cultural (arte, literatura, filosofía…). Ahora bien, y esto es importante: la creación cultural no refleja la conciencia colectiva ni simplemente la registra, la creación cultural no es un dato a merced únicamente de lo económico, sino que al crear en el plano imaginario un universo "cuyo contenido puede ser totalmente distinto del contenido de la conciencia colectiva […] tiene que ayudar a los hombres a tomar conciencia de sí mismos y de sus propias aspiraciones afectivas, intelectuales y prácticas"[19].

Cierre

La creación cultural en la sociedad moderna se publicó por primera vez en 1971, es decir, unos meses después del fallecimiento de su autor. En él se recogen seis textos escritos durante los últimos cinco años de su vida, entre 1965 y 1970. *La creación cultural en la sociedad moderna* supone una síntesis perfecta de sus preocupaciones en ese momento, al tiempo que puede leerse hoy como una introducción a su posicionamiento marxista, en conexión con sus principales obras, como son *El Dios oculto* (1955), *Ciencias humanas y filosofía* (1952), *Investigaciones dialécticas* (1958) y *Para una sociología de la novela* (1964). Detrás, como una especie de referencia inevitable, aparece la influencia de György Lukács; el Lukács eso sí de *El alma y las*

19 Ibid., p. 117.

formas, de *Teoría de la novela*, y claro está, de *Historia y conciencia de clase*, desde donde construye toda una nueva disciplina como es la sociología de la cultura, y desde ahí ejercerá su magisterio sobre autores como Raymond Williams. En su momento, Goldmann utilizó una expresión un tanto difusa, para describir este proyecto: *estructuralismo genético*. Este estructuralismo, opuesto radicalmente al de su némesis Louis Althusser, era radicalmente humanista. Podríamos decir que es un método que rechaza, dada su ascendencia dialéctica, toda separación entre sociología e historia. Con esta afirmación lo que sostiene, y es clave para adentrarse en las páginas que siguen, es que para Goldmann ninguna sociología será positiva si no es, al mismo tiempo, histórica, al igual que ninguna investigación histórica será científica si no es, a la vez, sociológica. Únicamente, sobre este horizonte de análisis es posible comprender las proyecciones y dinámicas de las prácticas culturales e igualmente de los ciclos políticos. Dicho de otro modo: Goldmann rechaza "una separación radical entre las leyes fundamentales que rigen el comportamiento creador en el campo de la cultura y las que rigen el comportamiento cotidiano en la vida social y económica"[20]. Esta quizá sea la llave para las páginas siguientes: no existe la creación cultural como un proceso aislado respecto a las dinámicas sociales y políticas, pero tampoco es aquella creación un mero reflejo de los posicionamientos materiales de un momento histórico. En esa frontera habitan los textos y tradición marxista de Lucien Goldmann.

20 Goldmann, "El estrucuturalismo genético en sociología de la literatura", en VV.AA. *Literatura y sociedad*, Martínez Roca, Barcelona, 1969, p. 207.

I. LA IMPORTANCIA DEL CONCEPTO DE CONCIENCIA POSIBLE PARA LA COMUNICACIÓN

Hace unos veinte años que ando a vueltas con el concepto de conciencia posible, y no soy el único en el empeño. Hasta ahora, siempre enfoqué ese concepto desde un punto de vista psicológico y sociológico; pero creo que también tiene una gran importancia en el plano de la comunicación y la transmisión de informaciones. Sin embargo, como no estoy familiarizado con los problemas de la teoría de la información y de la cibernética, es posible que no llegue fácilmente a presentaros ese concepto en tal perspectiva; por lo tanto, sólo intentaré analizar lo que a mi entender constituye el descubrimiento más fecundo de Marx y es, a la vez, el centro del pensamiento marxista contemporáneo y uno de los principales conceptos operativos para el estudio de la sociedad. De otro lado, quiero subrayar que, incluso en psicología, en última instancia utilizamos ese concepto de conciencia posible de forma más empírica que metódica y que, aun teniendo algunas ideas que nos permiten orientarnos, distamos mucho de haberlo precisado en grado suficiente como para permitir un trabajo colectivo en que todo el mundo conozca exactamente las reglas a aplicar.

Cuando formé un grupo de investigaciones de sociología de la literatura en Bruselas, me preguntaron: ¿qué baremo utilizáis? Ahora bien, ocurre precisamente que nosotros no tenemos baremo, y eso es lo que hace más difícil el trabajo.

He traducido al francés por «conciencia posible» un término familiar de la literatura marxista alemana, el *Zugerechte Bewuzsstein*. Literalmente, puede traducirse como «conciencia calculada» por el investigador, el sociólogo, el economista, en referencia a tal o cual grupo social.

Por citar un ejemplo, es el concepto al que se refería Marx en el célebre pasaje de *La sagrada familia* en que explicaba que no se trata de saber lo que piensa tal o cual proletario, ni siquiera todos los proletarios juntos, sino cuál es la conciencia de clase del proletariado. Es la gran distinción entre conciencia *real* y conciencia *posible*.

En suma, se trata del hecho de que, en una conversación, o por hablar en un lenguaje que me imagino será el de esta exposición, en una transmisión de informaciones, no hay sólo un hombre o un aparato que emite informaciones, y un mecanismo que las transmite, sino también, en algún lugar, un ser humano que las recibe.

Aunque el camino sea muy largo y pase por las revueltas de una cadena de aparatos y máquinas al fin de la cadena hay siempre un ser humano. Y sabemos que su conciencia no puede «dejar pasar» cualquier cosa de cualquier forma.

Esa conciencia receptora es opaca a toda una serie de informaciones que no pasan por el hecho mismo de su estructura, en tanto que otras informaciones pasan y otras, finalmente, pasan de manera deformada.

En efecto, con mucha frecuencia el que mira desde el exterior e intenta comparar lo que ha sido emitido con lo que ha sido recibido, constata que sólo ha sido recibida una parte de la emisión, y que incluso esa parte ha asumido, al nivel de la recepción, una significación muy distinta de la que había tenido al emitirse.

Topamos aquí con un hecho extremadamente importante que, en particular, nos lleva a cuestionar toda la sociología contemporánea en la medida en que se ha centrado más en el concepto de conciencia *real* que en el de conciencia *posible*.

En efecto, con sus métodos descriptivos, los métodos de encuesta, esa sociología se interesa sólo por lo que la gente piensa efectivamente. Ahora bien —y es un ejemplo que cito con frecuencia—la encuesta más precisa posible, hasta con métodos mil veces más perfectos que los que hoy tenemos a nuestro alcance, probablemente habría constatado en enero de 1917 que la gran mayoría de los campesinos rusos eran fieles al zar y ni siquiera se planteaban la posibilidad de un derrocamiento de la monarquía en Rusia, mientras que a fines de año esa conciencia real de los campesinos había cambiado radicalmente en este punto.

El problema, por tanto, es saber no lo que piensa un grupo, sino cuáles son los cambios que pueden producirse en su conciencia, sin que haya modificación en la naturaleza esencial del grupo.

Efectivamente, las informaciones transmitidas a los campesinos y recibidas por ellos sobre la estructura social de Rusia y las posibilidades de cambiarla, habían transformado en pocos meses la conciencia de esos campesinos. Sin embargo, al propio tiempo, y por razones que analizaré más adelante —no tomé este ejemplo al azar—, los revolucionarios rusos se habían visto conducidos a modificar totalmente la posición socialista tradicional sobre un punto particularmente importante, y lo habían hecho partiendo de un análisis del concepto de posibilidad de transmisión de la información. Porque todo ese pensamiento, o por lo menos todos los teóricos que tenían cierta autoridad en el movimiento socialista, estaba de acuerdo hasta entonces en el hecho de que el socialismo tenía que oponerse a la propiedad individual de la tierra y preconizar la gran explotación cooperativa o estatal.

Ahora bien, el caso es que Lenin, que era un político, pero que en ese momento y sobre ese punto hacía labor de sociólogo e incluso de teórico de la información, explicó que era posible introducir entre los campesinos cierto número de consignas socialistas pero en ningún caso hacerles comprender las ventajas de la gran explotación ni convencerles de que debían renunciar a la propiedad privada de la tierra; por fieles que fuesen al zar, se les podía hacer aceptar cierto número de informaciones tendentes a cambiarles la conciencia, pero había una información que era imposible asimilasen: que era mejor trabajar en cooperativa que poseer la tierra a título personal.

Y, para indignación de muchos socialistas, entre otros Rosa Luxemburg, Lenin formuló una nueva consigna, totalmente inesperada: la tierra para los campesinos. Es un ejemplo clásico de análisis sociológico basado en el concepto de conciencia posible.

En efecto, para quien quiera intervenir en la vida social, es importante saber, en una situación dada, qué informaciones se pueden transmitir y pueden ser admitidas sufriendo deformaciones más o menos importantes, y cuáles no pueden ser transmitidas ni aceptadas.

En el estudio de este problema, voy a proponeros de forma bastante empírica cuatro ejes de análisis que me parece importante no confundir.

En primer lugar, con mucha frecuencia ocurre que una información no es aceptada por falta de información previa; si me presentáis una fórmula matemática particularmente compleja, como yo no soy matemático de profesión, no comprenderé mucho; por tanto, para que comprenda el mensaje será preciso que se me ofrezcan toda una serie de informaciones complementarias.

Es el caso menos interesante para el psicólogo y el sociólogo; desgraciadamente, es muy frecuente que ciertos investigadores, sobre todo filósofos que examinan los problemas del diálogo, piensen que todos los malentendidos provienen en primer lugar de esa insuficiencia de información, y que basta con ser honesto y ofrecer al otro todos los datos necesarios para que la recepción se efectúe en buenas condiciones. En realidad, hay problemas de recepción que se sitúan a otros niveles y dificultades de transmisión que no tienen que ver con la insuficiencia de informaciones previas.

Un segundo eje, más importante ya, aunque todavía no sea propiamente sociológico, es el de la estructura psíquica del individuo.

Freud destacó la existencia en la psicología de cada hombre de toda una serie de elementos estructurales de deseos y repugnancias, resultado de su biografía, que hacen que su yo consciente venga a ser impermeable a ciertas informaciones y atribuya a otras un sentido deformado.

En este caso, para que la información pueda ser aceptada, es preciso operar una transformación de la conciencia, en un plano puramente psicológico, al margen de todo cambio social. Aquí hallamos un obstáculo para la comunicación más resistente que en el caso anterior, pero todavía podemos imaginar una posibilidad de superarlo. En el límite, una estructura psíquica individual se puede transformar. Se puede cambiar el medio en que vive el individuo, se le puede someter a un tratamiento psicoanalítico, etc.

Un tercer eje, ya sociológico, pero todavía periférico, es aquel en que un grupo social particular de individuos, dada la estructura de su conciencia *real*, resultado de su pasado y de múltiples acontecimientos que han actuado sobre ella, se resiste a la filtración de ciertas informaciones.

Por ejemplo, podemos imaginar que investigadores pertenecientes a una escuela científica, atados a una tesis que han defendido, se nieguen a tomar en consideración tal o cual teoría nueva que cuestionaría todos sus trabajos anteriores.

Sin embargo, ni siquiera en ese estadio estamos ante un problema fundamental; es el nivel al que se sitúan gran número de malentendidos y de dificultades del diálogo en la vida social; sin embargo, pienso que ese grupo de investigadores podrá seguir existiendo como grupo, aunque se vea obligado a tomar conciencia del valor negativo de sus teorías. A fin de cuentas, le es posible integrar la nueva teoría.

También en este caso, por tanto, hay una posibilidad de transformación de la conciencia real que no cuestiona la existencia del grupo social.

Ahora llegamos a un nivel más importante del terreno que nos preocupa, el nivel en que se plantea el problema de lo que Marx llamaba los límites de la conciencia posible, el caso en que para obtener la transmisión el grupo en tanto que grupo tiene que desaparecer o transformarse, hasta el punto de perder sus características sociales esenciales.

En efecto, hay informaciones cuya transmisión es incompatible con las características fundamentales de tal o cual grupo social. Es el caso en que las informaciones superan el máximo de conciencia posible del grupo.

Así, cuando el sociólogo estudia un grupo social, tiene que preguntarse siempre cuáles son sus categorías intelectuales fundamentales, el aspecto *específico* de los conceptos de espacio, tiempo, bien, mal, historia, causalidad, etc., que estructuran su conciencia, en qué medida esas categorías se encuentran vinculadas a su existencia, qué límites del campo de conciencia engendran y finalmente cuáles son las informaciones situadas más allá de esos límites y que no pueden ser recibidas sin una transformación social fundamental.

Efectivamente, todo grupo tiende a conocer la realidad adecuadamente, pero su conocimiento no puede ir más que hasta un límite máximo compatible con su existencia.

Más allá de ese límite, las informaciones sólo pueden pasar si se consigue transformar la estructura del grupo, exactamente lo mismo que en el caso de obstáculos individuales no pueden pasar más que si se transforma la estructura psíquica del individuo.

Encontramos ahí un concepto fundamental para el estudio de las posibilidades de comunicación en la vida social, concepto que tiene gran importancia operativa, pero insuficientemente estudiado de momento, pues apenas se han delimitado todavía los procedimientos que permiten utilizarlo.

Ahora querría insistir en el hecho de que al estudiar los fenómenos humanos nunca estamos ante problemas que se planteen sólo en el nivel de la conciencia.

Porque todo hecho humano, individual o social, se presenta como esfuerzo *global* de adaptación de un sujeto a un mundo ambiente, es decir, como proceso orientado hacia un estado de equilibrio que es provisional en la medida en que será modificado por la transformación del mundo ambiente debida a la vez a la acción del sujeto en el interior de ese estado de equilibrio y a la extensión de la esfera de esa acción.

En tales condiciones, todo intento de separar un terreno particular de ese proceso de equilibramiento puede ser un procedimiento útil para la comprensión e investigación, a condición de que se tome como provisional y sea corregido ulteriormente por la inserción del objeto estudiado en los principales conjuntos pertinentes de que forma parte.

Nos parecen importantes estas consideraciones en la medida en que los vínculos entre la estructura del grupo social y las dificultades de transmisión de la información son de dos tipos distintos. Pueden resultar del hecho de que la información supere los cuadros categoriales que estructuran la conciencia colectiva del grupo. En ese caso, las dificultades provienen, por así decir, de la incompatibilidad entre los elementos si no permanentes al menos relativamente duraderos, de la estructuración y la naturaleza del mensaje transmitido.

Con todo, la vida de los hombres y de los grupos sociales no es un estado, sino un conjunto de procesos. Es posible que la dificultad de transmisión resulte del funcionamiento de ese proceso, funcionamiento siempre ligado de manera inmediata o mediatizada a la tendencia del sujeto individual o colectivo a mantener su estructura y actuar en el sentido de buscar el equilibrio. Ahora bien, en este caso el carácter relativo y provisional de toda separación viene a ser particularmente importante, ya que la dificultad de transmisión de una información puede resultar no de su conflicto con el comportamiento del sector estudiado, sino del conflicto con las repercusiones que puede tener el funcionamiento de este sector sobre los procesos que se desarrollan en otro provisionalmente eliminado por la investigación.

Detengámonos a poner algunos ejemplos: podemos hacer la historia de las ciencias físicas y sociales como la de un conjunto de procesos puramente intelectuales. Desde el punto de vista científico, ese encuadre del objeto puede ser extremadamente útil. Sin embargo, el sociólogo nunca debe olvidar que toda teoría científica tiene consecuencias prácticas en el plano social, aunque el investigador que la ha elaborado no haya pensado nunca en ellas, las ignore por completo. Y, sobre todo cuando se trata de ciencias humanas, si esas consecuencias prácticas son de tal naturaleza que pueden entrar en conflicto con los objetivos prácticos hacia los que en un momento dado se orienta un grupo social, aparecerán dificultades tanto en la elaboración de la teoría como en las posibilidades de entrar a discutir la teoría una vez elaborada, es decir, en la transmisión del mensaje.

De igual modo podemos distinguir provisionalmente la acción de unos hombres sobre otros, de la acción de los hombres sobre el mundo exterior. Pero no hay que olvidar que ambas formas de acción reaccionan entre sí y toda transformación del mundo ambiente comporta una transformación del sujeto individual o colectivo, y a la inversa.

Igualmente, la distinción de elementos subjetivos en una información tiene indudable importancia, pero tampoco tiene más que un valor relativo. Para el psicosociólogo, todo el elemento subjetivo, incluso el más valorizador o el más discordante, constituye en tanto que hecho psicosocial una realidad *objetiva*, y a la inversa, toda constatación, por rigurosa que sea, se da en el interior de una conciencia y por ello mismo resulta ser un hecho *subjetivo* ligado a un proceso de equilibrio orientado hacia un objetivo.

Finalmente, querríamos ofrecer un último ejemplo particularmente importante en cuanto a las condiciones de elaboración y transmisión de mensajes. La vida de la sociedad no constituye un todo homogéneo; se compone de grupos parciales entre los que se dan relaciones múltiples y complejas. Podríamos definirlas de forma muy esquemática y global como conjunto de conflictos y de colaboraciones. Ahora bien, la vida de cada uno de esos grupos constituye un conjunto de procesos orientados hacia un equilibrio específico, y por consiguiente el sector consciente de esos procesos vendrá estructurado por un grupo de valores específicos y particulares. Ahora bien, es posible que la toma de conciencia de cierta información, aun conforme a las categorías mentales de la conciencia del grupo, y favorable al equilibrio hacia el cual está orientado, pueda tener consecuencias altamente perjudiciales para la realización de tal equilibrio, si se produce también en la conciencia de los demás grupos sociales constitutivos de la sociedad global. Y, como la mala fe es un fenómeno individual que no encontramos más que de manera totalmente excepcional y provisional en grupos sociales extremadamente restringidos, situaciones como la que acabamos de considerar engendran no hechos de mala fe, sino fenómenos ideológicos, distorsiones considerables de cierto número de informaciones en la elaboración, la transmisión y la recepción.

Dicho esto, y recordando el carácter puramente empírico de las reglas que podemos indicar hoy para emplear el concepto de máximo de conciencia posible, cerraré esta exposición enumerando tres principios particularmente importantes.

1) Hoy tenemos una situación esencialmente distinta para la elaboración y transmisión de informaciones referentes a la naturaleza fisicoquímica e incluso biológica, y para las concernientes a la vida psicológica, social y moral. En efecto, en el primer caso, el deseo de dominar la naturaleza constituye un elemento universal que estructura el conjunto del proceso intelectual de casi todos los grupos sociales existentes y en todo caso de todos los grupos sociales de las sociedades industriales mediana y altamente avanzadas. Por ello se hace la misma física, o por lo menos una física muy próxima en Washington, Moscú, Tokio París y Varsovia. En este terreno, las dificultades de transmisión del mensaje son más bien de las que hemos clasificado en las rúbricas 1 y 3 de nuestra clasificación inicial, y muy rara vez corresponden al grupo 4, es decir, al máximo de conciencia posible.[1] El pensamiento fisicoquímico, naturalmente, no me parece independiente de la estructura física e intelectual del hombre y del uni-

1 Alusión a L. Goldmann, *Le concept d'information dans la science contemporaine*, Cahiers de Royaumont, Ed. de Minuit, 1965.

verso. En un planeta imaginario en que viviesen seres incapaces de moverse en el espacio, pero capaces de actuar físicamente sobre los colores, sería el cambio de colores lo que constituiría el principio operativo y cuantitativo y no el espacio, como ocurre en la conciencia humana. Esos seres no podrían decir que un espacio es dos veces mayor que otro, sino que cierto azul es dos veces mayor que cierto rojo, suponiendo que la repetición de una acción que engendre el primero conduzca a la reproducción del segundo.

Pero para los hombres que viven en nuestro planeta, está constituyéndose una objetividad científica en todo lo concerniente a las ciencias físico-químicas y me parece —sin ser competente en la materia— que también es éste el caso, aunque en grado menos avanzado, en lo referente a las ciencias naturales. Sin embargo, en cuanto se trata de hechos humanos, los objetivos conscientes o no conscientes son particulares y esto significa que la estructura de las conciencias exige, por razones de que ya hemos hablado, el desarrollo y transmisión de ciertos mensajes, la deformación de otros, y obstruir la elaboración y transmisión de toda una serie de mensajes que entran en contradicción con la realización de esos objetivos.

Y, claro está, esas tres categorías de información no coinciden en distintos grupos.

Estamos ante la extrema complejidad del estudio de la transmisión de mensajes referentes a los diversos aspectos de la vida de los hombres.

2) Una de las reglas más importantes para delimitar estructuras sociales esenciales y construir en cada caso

concreto el concepto de máximo de conciencia posible, se basa en la hipótesis inicial de que todos los hechos humanos constituyen procesos de estructuración significativa orientados hacia equilibrios provisionales y dinámicos; ahora bien, como inicialmente los hechos humanos no nos vienen dados en esa forma sino como amasijo de datos parciales que podemos constatar empíricamente y enumerar, pero cuya estructura nos resulta muy difícil establecer, si el objeto estudiado no viene a sernos significativo incluso después de haber realizado con toda honestidad nuestras investigaciones, si no obtenemos esa estructura, debemos admitir que hemos delimitado mal el objeto.

Si un estudiante viene a verme y me dice que quiere hacer un trabajo sobre la «jerarquía» o sobre la «dictadura», le respondería que la jerarquía no existe en tanto que estructura significativa, y que lo mismo ocurre con la «dictadura». Hay jerarquías, hay grupos de jerarquías que guardan cierto parentesco, como hay grupos de dictaduras que resultan significativos. Así ocurre por ejemplo con el grupo de dictaduras postrevolucionarias, u otros tipos que son también realidades sociales. Pero las categorías generales del tipo de «la jerarquía» o «la dictadura» están como tales desprovistas de valor operativo, en la medida en que nos conducen a estudiar objetos que no son estructuras significativas. Hay que encuadrar el objeto estudiado de forma que podamos estudiarlo como desestructuración de una estructura tradicional y como nacimiento de una estructura nueva. Por emplear un término filosófico, creo que el concepto hegeliano y marxista de paso de la cantidad a la cualidad designa simplemente, en el devenir, el instante en que las transformaciones en el interior de una estructura son tales que la antigua estructura desaparece y nace otra nueva que se orienta a continuación hacia un nuevo estado de equilibrio.

Tal vez podamos precisar aquí los conceptos de comprensión y de explicación: la descripción de una estructura significativa y de sus vínculos internos es un fenómeno de *comprensión*. Pero el intento de describir el devenir de la estructura más vasta (porque naturalmente siempre estamos ante una estructura relativa compuesta de estructuras parciales y que forma parte a su vez de estructuras más vastas) tiene un valor explicativo respecto de la estructura englobada. Si estudio los *Pensamientos* de Pascal como estructura significativa interna, intento comprender; pero si a continuación los inserto como estructura parcial en una estructura más amplia como la del movimiento jansenista, *comprendo* el jansenismo y explico mediante el jansenismo los *Pensamientos* de Pascal.

Y si inserto el movimiento jansenista en la estructura global de la nobleza de toga, *comprendo* la historia de la nobleza de toga y *explico* con ella la génesis del jansenismo. Si a continuación realizo la misma operación con la nobleza de toga en la Francia del siglo XVIII, me sitúo a un nivel de explicación para esa nobleza de toga y a un nivel de comprensión para la estructura global. La utilización de ese procedimiento, dando un valor privilegiado a los procesos de equilibrio orientados no hacia algunos objetivos parciales sino hacia la organización global de las relaciones mutuas entre los hombres y las relaciones entre los hombres y la naturaleza, constituye una primera regla del esfuerzo de delimitar en cada caso concreto la génesis y límites del máximo de conciencia posible.

3) Finalmente, querría señalar —pero esto se refiere a un terreno de investigación particular en el que se sitúa mi propia experiencia y la de cierto número de historiadores marxistas— que las obras filosóficas, literarias y artísticas resultan tener un valor particular para la sociología porque se aproximan al máximo de conciencia posible de esos grupos sociales privilegiados cuya mentalidad, pensamiento y comportamiento están orientados hacia una visión global del mundo.

Si esas obras tienen un valor privilegiado no sólo para la investigación sino para los hombres en general, es porque corresponden a aquello hacia lo que tienden los grupos esenciales de la sociedad, a ese máximo de toma de conciencia que les es accesible, y al revés, el estudio de esas obras es por la misma razón uno de los medios más eficaces —no quiero decir que sea el único ni siquiera el mejor— para conocer la estructura de la conciencia de un grupo, la conciencia de un grupo y el máximo de adecuación a la realidad al que puede aspirar. A título de ejemplo, un análisis de las incomprensiones del racionalismo ante el pensamiento trágico y en concreto un análisis de los elementos comunes que puedo encontrar en las reacciones de Voltaire y de Valéry ante la obra de Pascal nos permite captar los límites de incomprensión de un grupo social tomado en distintos momentos de su historia respecto de cierto tipo de mensaje proveniente de otro grupo.

Creo que, con estas observaciones, breves y esquemáticas, sobre el concepto de máximo de conciencia posible, hemos abordado uno de los instrumentos conceptuales más importantes para el estudio de la vida social en general, y el de la transmisión de los mensajes en particular. Para ser científico, el sociólogo tiene que preguntarse no qué piensa hoy tal miembro del grupo social sobre la nevera y el confort, sobre el matrimonio y la vida sexual, sino cuál es el campo de conciencia en el interior del cual tal o cual grupo de hombres puede, sin modificar su estructura, variar sus formas de pensar sobre todos esos problemas y, en una palabra, cuáles son los límites que su conciencia de la realidad no puede sobrepasar sin una profunda transformación social previa.

El concepto de conciencia posible nos conduce también al centro de los problemas de la comprensión de la vida social, pero si bien disponemos de algunos elementos metodológicos para utilizarlo, queda todavía mucho por hacer para aclarar un poco esos problemas.

II. POSIBILIDADES DE ACCIÓN CULTURAL A TRAVÉS DE LOS MASS-MEDIA

Al pedir una contribución a un investigador que ha consagrado su actividad en primer lugar a la creación cultural y no a la acción de esa creación sobre el público, pienso que los organizadores del coloquio desean una reflexión sobre las condiciones fundamentales de esa acción en las sociedades industriales contemporáneas más que consideraciones precisas sobre tal o cual aspecto de la acción de los mass-media, que deberían ser resultado de unas investigaciones concretas y específicas.

Ahora bien, sobre ese problema de las condiciones fundamentales, os pediría permiso para partir de una reflexión sin duda simplista, que se encuentra muchas veces en la prensa e incluso en ciertos análisis con pretensiones científicas, pero que a primera vista parece válida y sobre la que querría desarrollar algunas reflexiones. En efecto, se puede constatar que las transformaciones sociales recientes de las sociedades industriales occidentales (con la excepción considerable e importante, pero no fundamental, del problema negro en los USA) han disminuido de manera notable las crisis sociales en el interior de esas sociedades y han aumentado al mismo tiempo las exigencias de cualificación profesional de la gran mayoría de los que participan de cualquier forma en la vida activa y las posibilidades de asegurar esa cualificación gracias al aumento del nivel de vida y a la reducción de la jornada laboral. Por hablar en términos más sencillos: en las sociedades industriales occidentales las rentas nominales y reales han progresado en el curso de los diez últimos años y el progreso de la productividad ha permitido prolongar, a pesar del aumento considerable de la producción, el período consagrado a la escolaridad y el aprendizaje, mientras que al mismo tiempo los diplomas escolares y universitarios tomaban una importancia cada vez más decisiva para el lugar que los individuos pueden esperar ocupar posteriormente en la vida social y para su nivel de vida futuro.

De ahí resulta un incremento notable tanto del período de escolarización como del nivel de instrucción y de la masa de informaciones que, de una u otra forma, se transmiten a la mayor parte de los miembros de esas sociedades.

En ese proceso los mass-media ocupan un lugar privilegiado, desde la radio y la televisión que se han convertido en elemento constitutivo del estilo de vida de la mayor parte de los europeos y los habitantes de los USA, pasando por el cine que transmite a la vez informaciones y obras de imaginación que a veces tienen un auténtico valor estético, hasta esa enciclopedia moderna de considerable difusión que constituye el libro de bolsillo y la degradación esquemática o estereotipada de la narración imaginaria de las historietas gráficas.

A partir de estas consideraciones podemos esbozar un cuadro optimista que constate una elevación continuada, y con muchas posibilidades de seguir en el futuro, del nivel cultural de la sociedad en su conjunto, añadiendo, por supuesto, que todo progreso de este tipo comporta a la vez un aumento del número de gente que accede realmente a la cultura y un aumento correlativo de esa franja mucho más amplia que se queda en el nivel de lo que podríamos llamar una pseudocultura, que sin embargo constituye también una especie de antesala de la auténtica cultura.

Actualmente hay mucha más gente que en el siglo pasado que hayan oído hablar de Racine, de Montaigne, e incluso de Goethe y de Shakespeare y que los hayan leído, y correlativamente también lee la prensa sentimental mucha más gente que la que leía en el siglo pasado la pseudoliteratura popular. Pero probablemente los hijos de estos últimos accederán en gran parte a la categoría de consumidores de cultura auténtica.

Para dar más exactitud al cuadro se puede también constatar el carácter conservador y tradicional que presentan las instituciones escolares, que mantienen aún muchos rasgos de la época en que estaban reservadas a las capas privilegiadas y constituían un medio de conservar y perpepetuar sus privilegios, y el hecho de que los mass-media, nacidos espontáneamente y sin planificación, conservan muchas trazas de esa improvisación originaria que les impiden adaptarse auténticamente a la vida moderna.

Finalmente, podemos dar la impresión de una actitud crítica y progresista si insistimos en la necesidad de luchar por la supresión de esos privilegios y por la adaptación de la organización de los mass-media a las exigencias «democráticas» de las sociedades industriales.

Pero vemos ese análisis superficial y profundamente impregnado de ideología apologética.

Ignora, y muchas veces quiere ignorar, el aspecto fundamental del problema de la comunicación: la transmisión de un conjunto de conocimientos no depende sólo de la cantidad ni siquiera de la naturaleza de las informaciones emitidas (que en el caso de las sociedades modernas constituye un problema particularmente grave), sino también, y ante todo, de lo que en lenguaje técnico podríamos llamar la estructura del receptor y que en este caso concreto está constituida por la estructura mental y psíquica de los individuos que frecuentan las escuelas, escuchan la radio, miran la tele o van al cine y leen los libros de bolsillo o las historietas gráficas. En efecto, sin poder desarrollar aquí un análisis epistemológico de la naturaleza de los fenómenos cognoscitivos desde la percepción y el pensamiento cotidianos hasta el pensamiento científico y la creación cultural, querría subrayar simplemente que todas esas formas de actividad cognoscitiva están vinculadas de un lado de manera mediata o inmediata a la praxis individual y social, y de otro lado constituidas por el encuentro entre una multiplicidad de datos sensibles y la creación activa de una invariante (provisional y que cambia en el curso del devenir histórico) (a título de ejemplo, *objeto* para la percepción, *principios de conservación o estructuras reversibles* para el pensamiento científico, *visión del mundo* para la creación cultural, etc.), es decir que constituyen una síntesis de pasividad receptiva y de actividad organizadora.

Ahora bien, el nacimiento de las formas recientes de las sociedades industriales occidentales, llámeselas capitalismo de organización, sociedad de consumo o sociedad de masas, etc., ha reforzado considerablemente, hasta el punto de cambiar su naturaleza cualitativa, un proceso que ya había empezado a manifestarse en el capitalismo liberal y en el monopolista y que puede prolongarse en lo sucesivo de manera cada vez más intensa, comportando una modificación considerable de la estructura psíquica de los hombres en nuestras sociedades.

Aunque naturalmente no podemos aquí ni siquiera esbozar una historia de la estructura psíquica de los hombres en la cultura occidental, me contentaré con oponer la sociedad liberal tal como existía en Europa hasta 1914, período en que se sitúa la cima de la cultura burguesa tradicional, a la situación actual, considerando el período entre guerras como época de grandes sacudidas sociales y económicas que ejercieron profunda repercusión en la vida intelectual (es la época en que nace y se desarrolla el existencialismo), que a pesar de todo fue un período de transición.

Es conocido el análisis crítico de la estructura de la conciencia y de la creación cultural en la sociedad capitalista liberal y monopolista que desarrollaron Marx y los pensadores marxistas, Lukács en particular: la célebre teoría de la reificación. Por limitarnos a algunas ideas centrales, digamos que el conjunto de la estructura social, el carácter global de las relaciones interhumanas, tiende a desaparecer de la conciencia de los individuos, reduciendo así considerablemente la esfera en que podía manifestarse su actividad de síntesis y creando una visión individualista y atomizada de las relaciones de los hombres con los demás hombres y el universo. La comunidad, los valores positivos, la esperanza de superación, todas las estructuras cualitativas tienden a desaparecer de la conciencia de los hombres para dejar paso al entendimiento y a lo cuantitativo; la realidad pierde toda transparencia y se hace opaca, el hombre viene a ser limitado y desorientado; el progreso considerable de las fuerzas productivas y, con ellas, de la ciencia y la técnica, sólo se realiza al precio de un enorme encogimiento del campo de la conciencia, sobre todo en lo que concierne a las posibilidades del hombre y la naturaleza de sus relaciones con los semejantes.

Esta crítica me parece rigurosa y sin embargo visto retrospectivamente, el período al que se refería nos parece hoy, incluso al margen de los avances técnicos y científicos, como un período de considerable creación cultural. Por supuesto, no se trata de ocultar sus zonas de sombra, la miseria del proletariado y de las capas populares que con tanta perspicacia y generosidad pusieron de relieve Marx y los pensadores socialistas. Pero no por ello es menos cierto que precisamente a partir de los rasgos de la época del capitalismo comercial, y luego en el siglo XIX del capitalismo liberal, rasgos analizados por las teorías de la reificación, ha existido entre otras una gran forma literaria, la novela de héroe problemático, basada precisamente en la opacidad de la vida social y en la dificultad que tiene el individuo para orientarse y dar un sentido a su vida.

Por lo demás, esa forma tiene un estatuto particular en la historia de la creación cultural; es una narración de la búsqueda degradada de un héroe no consciente de los valores que busca en el interior de una sociedad que los ignora y casi ha perdido el recuerdo de ellos. Así, la novela ha sido posiblemente la primera de las grandes formas literarias predominantes en un orden social que haya tenido una naturaleza esencialmente crítica, no pudiendo presentar ni héroe positivo ni una filosofía correlativa. Al juzgar y criticar la sociedad en nombre de los valores de desarrollo del individuo y de la personalidad que aquella propugnaba explícitamente pero cuya realización impedía, la novela mantenía, aunque fuese por vía de ausencia, la vinculación con los valores de la superación mientras la filosofía individualista desarrollada en la misma época con formas diversas —racionalismo, empirismo, filosofía ilustrada—, renunciaba a las categorías de la superación y de la totalidad, y no estuvo acompañada por una creación literaria correspondiente. Este esbozo que acabo de trazar conserva todas las ideas centrales de los análisis de la reificación, y, sin embargo, tiene un sentido distinto. Donde Marx y los primeros marxistas ponían el acento en los aspectos negativos, actualmente vemos una realidad que en ciertos aspectos es positiva y una creatividad intelectual potente.

Con esto, se plantea el problema de saber en qué se basaba esa creatividad.

Si seguimos reflexionando sobre el problema de la novela problemática hallamos en efecto ese fundamento.

A través de la búsqueda confusa del héroe que termina en toma de conciencia de la imposibilidad de lograr dar un sentido a la vida, se manifiestan el individualismo y la exigencia explícita de desarrollo del individuo y de su personalidad.

Pasando de la creación literaria a la realidad social, debemos constatar que lo que caracterizaba a la sociedad liberal desde el punto de vista a la vez social y cultural era la existencia de una capa relativamente amplia de notables (dando al término un sentido sociológico que abarca lo mismo a los notables de estatuto social reconocido que constituían el soporte de las clases dominantes que a los notables de la oposición, los cuadros de los partidos obreros y de los sindicatos). Sin duda, la existencia de esa capa de notables se basaba sociológicamente en la economía, en la multiplicidad de pequeñas y medias empresas cuyos dirigentes, poco capaces de comprender el conjunto de la vida social y económica, en una situación en que tenían que tomar decisiones a la vez primordiales para su supervivencia y aleatorias, tenían que rodearse de un grupo más o menos amplio de consejeros vinculados bien directamente a la empresa (cuadros directivos) bien exteriores a ella (abogados, notarios, etc.). Socialmente, esa capa, que constituyó la base de la democracia parlamentaria, era también un intermediario entre las instancias que tomaban en realidad las decisiones de interés general y la masa de los ejecutores.

Así, en la sociedad analizada por Marx y sus discípulos, debido al juego de interferencias entre la organización jerárquica de la empresa y la organización democrática del mercado y de la vida política, había una estructura social en la que, a pesar del proceso de reificación ya mencionado, persistía una importante autonomía de la conciencia individual, basada en las responsabilidades mayores o menores que tenían casi todos los individuos —desde la preocupación del obrero cualificado por hallar un empleo, hacer bien el trabajo y asegurar la existencia de la familia, pasando por las decisiones que tenían que tomar cada día los campesinos y los miembros de las clases medias, hasta las responsabilidades cada vez más numerosas que tenían que asumir los notables burgueses y los dirigentes políticos de la sociedad. Es decir, en la sociedad liberal había una estructura psíquica e intelectual que permitía la constitución de una opinión pública que tenía una función importante lo mismo en la vida política y social que en la vida cultural.

Ahora bien, a través del estadio intermedio del capitalismo de los monopolios, con sus correspondientes crisis sociales y económicas (Primera Guerra Mundial, crisis revolucionaria entre 1918 y 1923 en Alemania, crisis económica de 1929-1933, hitlerismo y Segunda Guerra Mundial y, en la periferia de las sociedades industrializadas, fascismo italiano, guerra civil española, régimen franquista), y la filosofía y la literatura existencialistas relacionadas con ello, se desarrolló en las sociedades industriales occidentales (sólo voy a referirme a ellas, pues no conozco la sociedad soviética) una transformación social radical que por supuesto no podemos analizar aquí en detalle pero una de cuyas consecuencias más importantes fue la supresión de esa capa particular que he llamado «de notables» en el sentido más amplio de la palabra y, por tanto, una transformación radical de la naturaleza y las funciones de la opinión pública.

En el fondo, si dejamos a un lado las culturas asiáticas correspondientes a lo que Marx llamaba modo asiático de producción, posiblemente sea la primera vez en la historia de Occidente en que el orden social se orienta (sin haber llegado aún) hacia una estructuración basada, en principio, en una dicotomía que tiende a acentuarse y hacerse total entre una masa considerable de individuos de renta más o menos elevada pero totalmente pasivos y un pequeño grupo de tecnócratas (de los distintos terrenos, económico, social, político) que tienden a monopolizar el conjunto de las decisiones.

Y hay que subrayar que se trata de una transformación radical y cualitativa, y no del simple surgimiento de una nueva forma de oposición clase dominante-clase dominada que continuaría las que Occidente conoce ya desde el principio de los tiempos históricos. La diferencia estriba en que los equilibrios sociales realizados por las clases dominantes en el curso de la historia siempre tenían un carácter involuntario, pragmático y a causa de eso eran extremadamente lábiles; en realidad, fuese el que fuese el grado de opresión y violencia en que se basasen, reposaban siempre en un equilibrio activo de las capas dominadas, es decir, en una participación y aceptación temporal por su parte del orden establecido, aunque esa participación fuese sobre todo implícita y se manifestase relativamente poco en la conciencia política.

Ese carácter lábil de los equilibrios y el hecho de que no podían durar más que en tanto había una correspondencia entre los equilibrios particulares de los grupos dominados y el equilibrio que la clase dominante imponía a la sociedad global, tenía como consecuencia la aparición periódica en plazos más o menos breves de sistemas de equilibrio inestable que Marx llamó conflictos entre las fuerzas productivas y las relaciones de producción, conflictos que conducían a la transformación del orden social establecido.

Se ha dicho con frecuencia que el desarrollo de la sociedad capitalista representó un avance esencial dentro del desarrollo histórico de Europa, en la medida en que introdujo en un devenir espontáneo y más o menos pragmático un factor de planificación consciente y racional; pero esta constatación tiene que ser relativizada de inmediato por la de que tanto en el período del capitalismo liberal como en el del capitalismo monopolista, esa racionalización sólo jugaba en el interior de las empresas y no tenía vigencia en cuanto al conjunto de la producción nacional o mundial. Es decir, que la naturaleza espontánea del equilibrio (e implícitamente la actividad psíquica de los sujetos en que se fundaba) se había reducido considerablemente al nivel de la clase obrera, sobre todo desde la racionalización y el trabajo en cadena, pero seguía siendo extremadamente fuerte e incluso se reforzaba al nivel de los notables y se conservaba incluso al nivel de los obreros en un sector importante de su comportamiento, el de su vida privada y familiar.

Ahora bien, lo que caracteriza al capitalismo contemporáneo de organización y lo opone al capitalismo liberal e incluso al monopolista es el hecho de que al descubrir, elaborar y poner a punto mecanismos de autorregulación económica e incluso social que han hecho posible el auge económico y el desarrollo considerable de las fuerzas productivas que se mantiene casi sin interrupción desde la Segunda Guerra Mundial, introdujo, en un grado relativamente avanzado, la acción consciente y racional incluso al nivel de la producción global (nacional y hasta cierto punto europea) pero ha llegado a esto reduciendo en un grado desconocido anteriormente en Occidente casi toda función activa de la gran masa de los ejecutores.

El propio Estado ha cambiado de naturaleza; al participar de manera directa o indirecta en la producción, tiende a modelarse según la estructura jerárquica de ésta, mientras los mecanismos de autorregulación, cuyo objetivo consiste en hacer posible e incluso probable la perpetuación espontánea del acuerdo entre los equilibrios individuales en la vida de los ejecutores y el equilibrio dinámico global, lo consiguen, como ya dije, combinando el desarrollo de la sociedad con un aumento del nivel de vida de los ejecutores, más débil sin duda que el progreso técnico general, pero real al cabo —cosa que ha sido posible con el nivel actual de la técnica.

Mediante un proceso dialéctico conocido por casi todos los sociólogos, esto conduce a los organismos dirigentes de la producción y del Estado a intervenir a través del consumo incluso en la vida privada de los individuos, al tiempo que se desarrolla en éstos la tendencia a aceptar pasivamente e incluso saludar esa intervención.

Es claro el peligro considerable que tiene que constituir el nacimiento de una organización social la gran mayoría de cuyos miembros sea fundamentalmente pasiva no sólo para la elaboración sino también en la recepción y asimilación de las creaciones culturales. La vida cultural que durante siglos se ha basado en la mayor parte de las sociedades humanas en una enorme fermentación de microactividades de todos los miembros de la sociedad y, sobre todo en Occidente, en la actividad particularmente intensa de los fermentos de cristalización que han sido los cuadros (en el sentido amplio de la palabra) se encuentra hoy gravemente amenazada por la evolución contemporánea de las sociedades industriales.

Así, en la evolución de las sociedades modernas hay un peligro creciente de lo que llamaría gustosamente una desculturalización por la desorganización de los receptores, receptores que por lo demás, en las sociedades tradicionales, una vez integrada la recepción, constituían una primera ola de emisiones en el interior de lo que yo llamaría circuito cultural.

Añadamos también que la cantidad mucho mayor de informaciones en todos los terrenos que los mass-media transmiten exigiría, para su asimilación, una actividad de síntesis particularmente potente en un momento en que, como acabo de decir, la evolución social disminuye por el contrario la intensidad de esa actividad. Es decir, incluso al margen de toda deformación tendenciosa debida a los intereses estatales y a los grupos de presión, la simple masa de informaciones lanzada sobre un receptor relativamente pasivo puede constituir un elemento de desorientación, de debilitamiento de la comprensión.

Es esencial tener siempre presente que hay dos formas de leer un libro, de ver un film o de recibir una información: una recepción pasiva, que sufre el mensaje, y una recepción activa que busca en el libro o el film una invitación a la reflexión, un problema que asimilar, la voz de importancia privilegiada en una discusión sobre los grandes problemas de la vida, que integra las informaciones en una visión global perfeccionándola o modificándola.

Así, el verdadero problema de la acción cultural y del desarrollo de la personalidad en las sociedades modernas se plantea al nivel de la vida económica y social y de las transformaciones de ésta; es el problema de las posibilidades de una reorientación de esa vida hacia un renacimiento de la actividad y de las responsabilidades de los individuos.

En ese plano, ha aparecido por distintos lados, y sobre todo en el pensamiento socialista, una idea relativamente nueva que podría constituir la perspectiva fundamental de todos los que siguen apegados al humanismo y al progreso cultural de nuestros países. La idea de democracia económica y de autogestión, que sin embargo comportarán una disminución de la eficacia productiva, y hay que ser consciente de eso. Entonces, el problema viene a ser saber si todavía hay medios para hacer aceptar a los hombres de las sociedades industriales occidentales ese precio, no enorme pero sí real, que hay que pagar por salvaguardar dos valores hoy más que nunca estrechamente interrelacionados e inseparables: la cultura y la libertad.

Tras haber presentado el problema fundamental, no me resta sino dar al esquema que he esbozado algunos retoques, completarlo con algunos comentarios indispensables.

Primero, los retoques:

Ni qué decir tiene que la sociedad tecnocrática, que tiene necesidad, incluso al nivel de la ejecución, de especialistas cada vez más cualificados, no puede ni embrutecer completamente a sus miembros ni hacerlos totalmente pasivos.

Hay un terreno en que es absolutamente esencial para el funcionamiento de la sociedad un mínimo, e incluso un nivel bastante elevado de vida intelectual: el de la cualificación profesional. Y uno de los problemas difíciles que se plantean a los dirigentes de las sociedades tecnocráticas y que podría constituir una de las palancas fundamentales de la resistencia contra éstas es la dificultad de garantizar la producción en masa de lo que he llamado especialistas y titulado «analfabetos», es decir gente inteligente, competentes en su propio terreno, pero completamente pasivos, sin ninguna veleidad de comprensión, puros consumidores en todos los demás terrenos de su existencia, que de este modo serían los ejecutores ideales.

Otra corrección al cuadro que acabo de esbozar podría situarse precisamente al nivel de la vida privada, de lo que Henri Lefebvre llamaba la vida cotidiana. En toda la historia de la cultura europea, uno de los problemas importantes ha sido el de la síntesis entre vida privada individual y la vida pública, entre el burgués y el ciudadano. Y la creación cultural se situaba la mayor parte de las veces, a partir del capitalismo liberal, en uno u otro de esos planos sin conseguir hacer la síntesis de ambos. Es posible que el aumento del nivel de vida y el incremento del tiempo libre con la tendencia a la dispersión de la conciencia cívica que comporta haga surgir, en algunas capas sociales que habría que estudiar perfectamente, tendencias más fuertes a organizar la vida privada y darle un sentido, tendencias que podrían ser punto de partida de una acción de resistencia a la sociedad tecnocrática, a condición por supuesto de superar algún día el nivel de esa vida privada y desembocar en una problemática global.

En suma, ya en la época liberal Marx había analizado la reificación y el grado de disminución de la actividad de los individuos que comporta. Se había creado una situación en la que una de las grandes formas occidentales de creación cultural tenía un carácter esencialmente y por naturaleza crítico y de oposición. Como mostró Georg Lukács, la estructura de la novela clásica (búsqueda degradada de valores no conscientes en una sociedad enteramente degradada, que acaba con la toma de conciencia del fracaso por parte del héroe), implicaba una crítica de la sociedad individualista, en nombre de los valores mismos del desarrollo del individuo, valores que esa sociedad propugnaba explícitamente, pero en realidad hacía irrealizables. Entre la filosofía clásica y ese tipo de novela había por lo menos un valor común el individualismo y el desarrollo de la personalidad. Ahora bien, el desarrollo del capitalismo de los monopolios, y luego del capitalismo de organización ha suprimido precisamente esa única base común, llevando a un grado desconocido por la sociedad liberal la reificación y por tanto la pasivización de los individuos. La nueva novela sigue constatando la esencia de la realidad, como intenté mostrarlo en lo referente a ciertos escritos de Robbe-Grillet, Nathalie Sarraute y Claude Ollier, pero mira esa sociedad desde fuera y no entra siquiera en conflicto o en discusión con ella, pues no hay una base común que lo permita.

Todos los factores y fenómenos que acabo de enumerar son, claro está, complementarios, y se refuerzan mutuamente. A partir de eso, ¿hay que desembocar con los sociólogos de la escuela de Frankfurt en una conclusión radicalmente pesimista, admitiendo que todo está perdido para la tradición humanista y el desarrollo cultural?

Yo no lo creo. Toda situación creada por los hombres tiene un carácter dialéctico y comporta aspectos contradictorios. Y aunque el cuadro que acabo de trazar constituye la realidad fundamental en el interior de la cual se desarrolla la problemática de la creación y la acción culturales en las sociedades industriales contemporáneas, no por ello deja de ser cierto que el otro esquema, apologético y simplista, que tracé al inicio de esta exposición, comporta también aspectos incuestionablemente reales. Es cierto que en las sociedades occidentales la gente tiene un nivel de vida más elevado que antes, ocios más extensos, y que los mass-media han multiplicado considerablemente las posibilidades de transmitirle una masa de informaciones que a pesar de todo constituyen los elementos reales de una cultura; y también es cierto que esa situación comporta mayores posibilidades de acción aunque de otro lado los obstáculos que se oponen a la eficacia de esa misma acción, como ya dije, se hayan multiplicado.

Con ello el problema central viene a ser el de la estrategia que permita hacer eficaz la acción de los que tratan de utilizar esos mass-media con una finalidad realmente creativa y cultural; es bien evidente que se trata de un problema complejo que comporta muchas cuestiones de detalle. Ya mencioné las dos contradicciones que, entre otras, podrían constituir puntos de impacto para la acción en favor de la toma de conciencia: la democracia económica y los problemas de la vida cotidiana.

Concluiré con una observación de tipo general que entiendo es el fundamento indispensable de todo intento de plantear seriamente los demás problemas.

El punto central de la violencia y la agresión internas gracias a las que las capas dominantes perpetúan su dominación se ha desplazado actualmente, al menos para los que participan activamente en la producción. En el interior de las sociedades industriales occidentales, cada vez se sitúa menos en el plano de la miseria (que sin embargo sigue existiendo para los grupos a los que el progreso técnico elimina o no incorpora) o en el del terror y la violencia física (que sin embargo sigue empleándose en las relaciones con los países subdesarrollados siempre que es necesario o útil para mantener las relaciones de dominación), sino que se sitúa esencialmente en el plano de la violencia intelectual y la reducción de la actividad del campo de conciencia. Por supuesto, lejos de permanecer confinadas en su propio terreno, la reducción del campo de conciencia y la disminución de su actividad tienen luego, a su vez, repercusiones en el conjunto de la vida humana en la medida en que impiden que los individuos se interesen por los problemas de la organización económica, social y política y les conducen a preocuparse cada vez más, si no exclusivamente, de los problemas del consumo y, como mucho, de cuestiones de estatuto social y de prestigio.

Y a la inversa, todo progreso de la sociedad tecnocrática refuerza la reducción del campo de conciencia y la disminución de la actividad de ésta.

Es decir, centradas en la vida psíquica e individual, la violencia y opresión de las capas dominantes tienen un carácter global y circular y no pueden ser combatidas en un punto particular sin que esa brecha sea cerrada inmediatamente por la presión ejercida en los demás sectores del círculo. Es decir, que toda acción por defender al hombre y a la cultura, si quiere tener la menor posibilidad de éxito, tiene que presentar el mismo carácter circular y global.

Toda tentativa de acción cultural y sólo cultural chocará necesariamente con la pasividad, el desinterés y la despolitización de una gran parte de los miembros de la sociedad, es decir, con la estructura psíquica creada y desarrollada por el capitalismo de organización. E igualmente, las acciones políticas y sociales orientadas hacia el socialismo, la democracia económica y la autogestión chocarán con las estructuras de conciencia que hacen difícilmente asimilables su llamamiento y su mensaje.

Por ello pienso que ha venido a ser imposible actuar de forma parcial o aislada sobre uno solo de esos planos, y que todos los que quieren aún defender el desarrollo de la personalidad, del nivel intelectual real, y la tradición humanista, han de ser conscientes de que los diversos aspectos de la problemática humana son hoy más inseparables que nunca, de forma que no podrán conseguir nada actuando sólo en su propio terreno, pues su acción será ineficaz si no está integrada en una lucha global, pero también han de saber que el terreno en que se sitúe su acción, sea el que sea, no puede ser considerado como negligible o secundario en relación al resto de la vida social.

Más que nunca, la acción cultural está condenada a la esterilidad si se separa de la acción económica, social y política, pero también más que nunca la acción social, económica y política no puede tener éxito al margen de o antes de la lucha por la toma de conciencia y la activación de ésta, activación inseparable del auge de la vida cultural.

III. LA REBELIÓN DE LAS LETRAS Y DE LAS ARTES EN LAS CIVILIZACIONES AVANZADAS

Estoy aún muy lejos de poder presentar una síntesis que corresponda a la «rebelión de la literatura de las sociedades industriales avanzadas». Sin embargo, resulta que los temas, los escritores, los cineastas sobre los que trabajo plantean exactamente el problema de la rebelión contra la sociedad contemporánea. Por ello, sólo voy a hablar aquí de algunos ejemplos concretos que trataré de situar en el marco muy general de la problemática de la democracia y la libertad en las sociedades industriales avanzadas, esperando plantear con ello los problemas fundamentales. Porque no es peor analizar de forma más o menos profunda algunos textos o la obra de un escritor que sobrevolar de manera general sin decir más que dos o tres palabras sobre tal o cual obra.

Empezaré, pues, por esbozar el marco sociológico de la reflexión sobre la vida cultural y el arte contemporáneo.

Es evidente que si hablamos de sociedades industriales avanzadas nos estamos refiriendo, por lo menos en Occidente, a un universo que la sociología, la economía e incluso la historia siguen calificando —aunque esto cambie un poco actualmente— como mundo capitalista. Es un término exacto, pero que empieza a resultar poco preciso, dado que la sociedad capitalista dura desde hace tiempo y ha atravesado períodos distintos, de manera que si queremos ser algo más precisos, hay que distinguir esos períodos, llegar a lo que se llama una periodización; y no sólo en el plano social y económico, sino también en los planos cultural, filosófico, literario y artístico, estrechamente vinculados al primero. Como la vida cultural no se encuentra separada de las realidades económicas, sociales y políticas, toda periodización, indispensable para comprender la historia del capitalismo, ha de relacionarse, si no identificarse, con una periodización complementaria de la historia filosófica y la cultural.

Por tanto, formularé una propuesta de periodización al nivel económico, indicando simplemente lo que le corresponde en filosofía y literatura.

En efecto, el capitalismo occidental ha conocido tres períodos distintos, y me inclino a llamar «capitalismo liberal» al primero, que se extiende más o menos hasta los años 1910. Es un período individualista en que tiende a desaparecer de la conciencia la idea de conjunto, de totalidad; un período que en el plano del pensamiento se expresa ante todo en esas dos formas de filosofía individualista radical que son el racionalismo y el empirismo, las dos grandes corrientes de lo que se llama filosofía clásica, y en el plano literario tiene entre otras expresiones la novela clásica, la novela de personaje problemático.

Además, ya a este nivel, se añade para los sociólogos un problema que me limito a señalar de paso. En general, en la historia de la cultura occidental encontramos casi siempre una relación de homología muy estricta entre las grandes corrientes filosóficas y las grandes creaciones literarias,[1] y es bastante fácil detectar parejas homólogas de universos imaginarios creados por escritores y sistemas conceptuales elaborados por filósofos.

Sin detenerme en ello, señalo sólo a título de ejemplo las parejas constituidas por las obras de Pascal y Racine, Descartes y Corneille, Gassendi y Moliére, Kant y Schiller, Schelling y los Románticos. Pero si nos fijamos en la Ilustración, que al fin y al cabo es una de las formas más importantes del pensamiento filosófico del período liberal, no encontramos escritores que correspondan de forma estricta a la corriente racionalista; sin duda tenemos el ejemplo ya mencionado de Descartes-Corneille, pero es bastante distinto de todas las demás parejas que acabo de enumerar. El papel y la influencia de Descartes en la historia de la cultura occidental son enormes y se extienden más allá de la Ilustración, hasta el racionalismo contemporáneo. En cambio, la única expresión literaria relativamente emparentada con la posición cartesiana no es siquiera la obra entera de Corneille, sino sólo cierto número de sus piezas. Me parece evidente la desproporción entre la importancia del racionalismo en la cultura occidental, en particular en la historia de la filosofía occidental,

1 Naturalmente, habría que comprobar a nivel de la ciencia positiva si es posible extender ese paralelismo, esa homología, a la historia de la pintura y demás artes plásticas.

de un lado, y del otro las obras de Corneille en la historia de la literatura.

El género literario que por su importancia corresponde a esta época del capitalismo liberal es la novela de personaje problemático. Ahora bien, esa novela no es homóloga ni con el empirismo, ni con el racionalismo, ni con la filosofía de la Ilustración. Es una forma literaria crítica, que implica un elemento positivo: la afirmación del individuo y del valor individual, implícito en las obras novelescas de ese período, desde *Don Quijote* hasta *Rojo y Negro* y *Madame Bovary*; pero también es, y precisamente a partir de esa afirmación primera del valor del individuo, una crítica social extremadamente enérgica. Porque la novela muestra que la sociedad en que viven sus héroes, sociedad basada exclusivamente en los valores del individualismo y del desarrollo de la personalidad, no permite que el individuo se desarrolle y realice (menciono este problema sólo de paso, pero evidentemente está ligado a la problemática de la crítica y de la rebelión en la literatura moderna).

El segundo gran período en la historia del capitalismo occidental es el que normalmente se ha llamado período *imperialista*. Añado, tal vez para señalar su relación con la literatura, que por mi parte lo he llamado período del *capitalismo en crisis*. Los pensadores marxistas que vivieron y escribieron en esa época creían que se trataba de una crisis final del capitalismo, de la gran crisis que conduciría a la caída de ese régimen y al paso al socialismo. En realidad, actualmente sabemos que era un período de crisis económica y social muy aguda, pero sin embargo era un período transitorio. Sin poder analizarlo de forma detallada, señalaré sólo la frecuencia de las crisis sociales y económicas que es evidente en él, sobre todo si lo comparamos con el período precedente.

Los historiadores del imperialismo sitúan el paso del capitalismo liberal a esa segunda fase hacia 1910-1911. Ahora bien, si tomamos esa fecha como punto de partida nos encontramos en 1914 la Primera Guerra Mundial, al fin de la guerra, a partir de 1917-1918 una profunda crisis social y política, entre 1929 y 1933 una crisis económica de amplitud inigualada en la historia del mundo occidental, en 1933, finalmente, la toma del poder por Hitler, y entre 1939 y 1945 la Segunda Guerra Mundial (y no he mencionado siquiera acontecimientos situados en la periferia del mundo industrial avanzado, en España y en Italia). Esto nos indica que, durante todo ese período, era particularmente difícil establecer un equilibrio económico y social, que cuando se realizaba tenía sólo carácter provisional y era extremadamente lábil, e inmediatamente después estallaban nuevas crisis.

Desde el punto de vista económico esto se explica en primer lugar por el hecho de que el mecanismo de regulación a través del mercado, esencial para la economía del período liberal, se había visto turbado por el desarrollo de los monopolios y los trusts, mientras todavía no se habían establecido los nuevos mecanismos de regulación, que caracterizan el tercer período de que hablaré a continuación.

En cualquier caso, ese período del capitalismo en crisis corresponde en el terreno filosófico a una filosofía particular y original que conservaba en ciertos aspectos elementos individualistas (el «*Dasein*» de Heidegger, el «*parasí*» de *El Ser y la Nada* de Sartre, o bien el sujeto orgánico de la *Crítica de la razón dialéctica*) pero que no estaba ya centrada en la razón o la percepción, es decir en las posibilidades del individuo, sino por el contrario en sus límites y en el límite por excelencia: la muerte. Esa filosofía, el existencialismo, ponía en el centro, en el nivel psíquico, el sentimiento que se desarrolla a partir de la conciencia de los límites y de la muerte: la angustia.

En ese período encontramos ya, con Kafka, Musil, *La Náusea* de Sartre y *El extranjero* de Camús, una literatura novelesca mucho más próxima a la filosofía, y particularmente a la filosofía existencialista, hecho fácilmente explicable en la medida en que ésta afirmaba explícitamente la dificultad del individuo para adaptarse al mundo ambiente, problema que se encontraba ya en el centro de la literatura novelesca del período precedente. Menciono también de paso que a partir de esta época la novela choca con uno de los problemas más importantes que van a determinar su evolución futura: el problema del personaje. Porque ya en el plano económico el paso del capitalismo liberal al de los monopolios y los trusts se había caracterizado por la pérdida de importancia económica y social del individuo. Ahora bien, el escritor no puede dar forma más que a lo esencial de la realidad a partir de la cual elabora su obra, y habiendo disminuido el desarrollo económico la importancia del individuo, habría sido difícil crear una gran obra literaria contando la historia de un personaje, una biografía que, en el plano de la realidad, no tenía ya más que carácter anecdótico.

Sin duda, dada la importancia que había adquirido el pensamiento socialista en Occidente, hubo intentos de sustituir al personaje por la colectividad y escribir novelas de personaje colectivo (por ejemplo *Los Thibault* de Roger Martin du Gard, y las demás novelas de familia. *Los Buddenbrook* de Thomas Mann y *La Saga de los Forsyte* de John Galsworthy; o bien la novela de la comunidad revolucionaria: *La Condición Humana* de Malraux). Pero en definitiva fue una fase transitoria, y al no haber la revolución socialista transformado realmente la sociedad occidental, al no haber sido la colectividad una fuerza capaz de modificar esa sociedad, la novela de la comunidad tampoco se convirtió en una de las formas literarias predominantes.

Finalmente, la tercera etapa, que nos interesa particularmente, es la que vivimos hoy. Es un período del capitalismo que los sociólogos califican con términos más o menos variados: sociedad de consumo, sociedad de masas, capitalismo de organización, sociedad tecnocrática. En el fondo, cada uno de esos nombres subraya uno de los aspectos principales de una sociedad que sin embargo constituye una estructura global.

Lo que la caracteriza es ante todo la aparición de mecanismos conscientes de autorregulación (el mercado era un mecanismo que no atravesaba la conciencia y el período del capitalismo en crisis estaba marcado precisamente por la ausencia de mecanismos eficaces de regulación de la economía y de la sociedad).

Si en el período liberal el pensamiento cotidiano de los hombres, y lo mismo la economía, la sociología, la filosofía clásica, habían perdido completamente de vista la totalidad, el conjunto de la vida social (la historia global de la sociedad, la producción global, etc.), si no veían más que el individuo, el *homo economicus* en economía, el *ego* cartesiano en filosofía, la autonomía de la conciencia individual, la razón, la percepción y el héroe novelesco en literatura, en el capitalismo de organización, por el contrario, lo que aparece como fenómeno fundamental es la toma de conciencia de la totalidad, por lo menos al nivel de las voluntades y del comportamiento de los organizadores y los dirigentes.

A título anecdótico, me permito recordar que no hace mucho tiempo, hace apenas una veintena de años, cuando le propuse a un célebre profesor de la Facultad de Derecho de París una tesis sobre *Le tableau économique* de Quesnay, me miró con curiosidad y dijo: «Ese tema no presenta ningún interés; era un simple entretenimiento de fisiócratas.» Actualmente no es posible entrar en ninguna sala en que se dé un curso de economía política sin oír hablar de las finanzas de la nación, los modelos de crecimiento, etc., es decir, precisamente de la estructura global de la producción, que era el tema —estudiado por primera vez por los fisiócratas— del *Tableau économique*.

Resumo: los pensadores marxistas creían que el capitalismo jamás podría integrar una visión de conjunto de la sociedad y de la producción. Pero el capitalismo ha sobrevivido a las crisis que en opinión de los marxistas debían serle fatales y sus teóricos han tomado conciencia de los problemas de organización global de la sociedad y de la economía.

Si comparamos el capitalismo del período de crisis, entre 1910-1912 y 1945, con el período anterior, constatamos que en el fondo no hubo ninguna crisis europea importante entre 1848 y 1912, mientras que por el contrario entre esa fecha y el fin de la Segunda Guerra Mundial se sucedieron en unos plazos extremadamente breves. De otro lado, tras el fin de esa guerra tampoco ha habido crisis interna de las sociedades occidentales; por supuesto, hubo por ejemplo los acontecimientos de Argelia, pero eso son repercusiones en un país industrial avanzado de la ruptura con los países en vías de desarrollo y con las antiguas colonias. Es algo muy distinto de las crisis internas de la época intermedia.

Ahora bien, esas transformaciones son extremadamente importantes, y tuvieron consecuencias considerables, porque los mecanismos conscientes de autorregulación desarrollados desde el fin de la Segunda Guerra Mundial condujeron a reforzar una tendencia que existía ya antes y que los sociólogos apenas habían percibido: la integración del conjunto de la sociedad, a través de un incremento del nivel de vida, primero lento pero actualmente mucho más importante ya (y en los Estados Unidos considerable incluso).

El esquema marxista tradicional de la pauperización de las clases medias ha perdido validez en las sociedades industriales occidentales. Por supuesto, sigue aplicándose en gran medida cuando se trata de países en vías de desarrollo, en relación a los cuales son extremadamente fuertes las diferencias de nivel de vida y en los que la miseria aumenta incluso. Pero si hablamos de sociedades industriales, del capitalismo occidental, no sólo los mecanismos de autorregulación comportan un aumento del nivel de vida de la mayoría de la población a un ritmo mucho más rápido que antes, sino que una de las consecuencias psicológicas de ese hecho la constituye la integración de la sociedad y el considerable debilitamiento de las fuerzas de oposición tradicionales. Ese último proceso es particularmente importante, y de otro lado a él se hace referencia al hablar de sociedad de opulencia o sociedad de consumo.

Finalmente, un tercer fenómeno, a la vez resultado y condición de esas transformaciones, es la considerable concentración del poder de decisión en manos de un grupo relativamente débil que llamaré los *tecnócratas*[2] —se trata de unos miles de personas—, mientras que por lo demás las sociedades industriales avanzadas necesitan para el funcionamiento de sus mecanismos un número creciente de profesionales que tengan un nivel de conocimientos muy elevado en su especialidad. Llamaré *técnicos* a esos especialistas cuya competencia aumenta, que han de ser altamente cualificados en su terreno para poder ejecutar decisiones que, sin embargo, se toman en otra parte. Efectivamente, en ningún momento hay que olvidar que la mayor parte de la vida de esos técnicos se sitúa sólo al nivel de la ejecución, mientras el poder de decisión queda reservado a los miembros de esa capa social relativamente restringida que he llamado tecnócratas.

Así, en esas sociedades en que aumenta de modo considerable la competencia de los miembros del cuerpo social, lo que viene a ser fundamental es el problema de la extremada concentración del poder. Pues el aumento de competencias no conduce a la gran mayoría de los individuos a participar en las decisiones esenciales. Ahora bien, psíquicamente, ese hecho tiene unas

2 Para evitar todo malentendido, subrayemos que el término tecnócrata, empleado en este sentido, no significa de ningún modo cuadro técnico superior interesado particularmente en el proceso de producción, sino miembro de la capa que participa en las decisiones importantes y fundamentales para la vida de la sociedad; de forma que hay tecnócratas de la enseñanza, de la política, de la economía, de la vida cultural, etc., y por supuesto, también de la producción.

consecuencias de tremenda gravedad. No voy a hacer aquí un análisis psicológico y sociológico profundo, pero el resultado más importante de ese fenómeno es evidentemente la reducción considerable de la vida psíquica de los individuos.

No es cierto que el aumento del nivel de conocimientos y de la cualificación profesional comporte necesaria e implícitamente un aumento de la libertad y una intensificación de la vida psíquica e intelectual, ni un fortalecimiento de las posibilidades de comprensión. Lo que en cierta ocasión llamé «el especialista analfabeto» es un peligro que puede desarrollarse considerablemente en la sociedad de organización. Herbert Marcuse ha planteado de manera notable ese problema en *El hombre unidimensional*, aunque sus conclusiones sean a mi entender demasiado pesimistas.

En efecto, tradicionalmente, y en el curso de toda la historia que precedió a nuestras sociedades contemporáneas (y probablemente será así también en la historia de hoy y de mañana, pero eso ya no es tan evidente), el hombre se ha definido por dos dimensiones fundamentales en las que se desarrollan su vida psíquica y su comportamiento: la tendencia a la adaptación a lo real, y la tendencia a la superación de lo real en dirección a lo posible, hacia algo que se sitúa más allá y que los hombres tienen que crear con su comportamiento.

La adaptación a lo real es una función esencial tanto del individuo como de los grupos sociales. Pero esa adaptación tiende a crear unos equilibrios que corren el riesgo de hacerse estáticos. Ahora bien, hasta aquí, la sociedad cambiaba siempre, aunque sólo fuese por la acción de los individuos y los grupos que la componían, y también gracias a influencias exteriores; de modo que mucho antes de que se hubiese alcanzado un equilibrio (no normalmente cuando simplemente se estaba cerca de él), ese equilibrio ya no se adaptaba a los problemas reales de la vida social, y los hombres se veían impelidos a orientarse hacia un equilibrio distinto y frecuentemente más elevado.

Sin poder detenerme en ello —escribí un libro sobre el tema[3] —señalaré que lo *posible* es la categoría fundamental para comprender la historia, y que la gran diferencia entre la sociología positivista y la sociología dialéctica consiste precisamente en el hecho de que la primera se conforma con sacar una fotografía lo más exacta y minuciosa posible de la sociedad existente, mientras la segunda trata de delimitar en la sociedad que estudia la conciencia posible, las tendencias virtuales que están desarrollándose y que se orientan hacia su superación. En suma, la primera intenta dar cuenta del funcionamiento de la estructuración existente, mientras la segunda se centra en las posibilidades de variación y de transformación de la conciencia y de la realidad sociales.

Pascal había captado ya ese fenómeno cuando nos decía que no se puede definir al hombre sin contradecirlo, porque la única definición válida del hombre es el hecho de que es infinitamente mayor de lo que es; y en una perspectiva dialéctica que no es la de Pascal

3 *Sciences humaines et Philosophie*, París, Gonthier, 1966.

me atrevería a añadir que es mayor que lo que es porque siempre está haciéndose y haciendo un mundo nuevo.

Ahora bien, la problemática fundamental de las sociedades capitalistas modernas no se sitúa ya al nivel de la miseria —aunque ésta, repito, existe todavía incluso en los países industriales más avanzados—, ni siquiera al nivel de una libertad directamente limitada por la ley o por la coacción exterior, sino en el encogimiento del nivel de la conciencia, y, por lo mismo, en la tendencia a la reducción de esa dimensión fundamental del hombre que es la dimensión de lo posible. Como dice Marcuse, si la evolución social no cambia de orientación, el hombre vivirá y actuará cada vez más en una sola dimensión, la de la adaptación a la realidad, y no en la otra, la de su superación.

El encogimiento de la personalidad y de la individualidad, que constituye un fenómeno inquietante ya en el período transitorio que vivimos, puede así hacerse cada vez más grave si efectivamente la evolución social se orienta hacia una adaptación perfecta de los hombres a una sociedad en la que la mayor parte de ellos se convertirán en simples ejecutores bien pagados, con un nivel de vida elevado y vacaciones más o menos largas, y vivirán cada vez más como técnicos especialistas pero de conciencia restringida. Creo que es el problema fundamental de la sociedad tecnocrática.

Sin embargo, a diferencia de Marcuse, yo creo que hay tendencias a la superación de esa situación y que el hombre de una sola dimensión (por utilizar la fórmula particularmente feliz que ha inventado) no representa más que uno de los términos de la alternativa ante la que se encuentran las sociedades industriales contemporáneas. Pero es ese un vasto problema que no voy a abordar ahora. Me limitaré a analizar los tipos de reacciones que se han producido a partir de esa situación al nivel de la creación literaria y cultural, y en particular la rebelión en el interior de esa creación.

Se puede comprender y describir esa rebelión a partir de dos aspectos distintos y complementarios: el de la rebelión formal de un arte que no acepta una sociedad y halla formas nuevas de expresión para rechazarla, formas distintas de las creadas por la sociedad que rechaza, de aquellas en las que ésta tradicionalmente se reconoce. Es un fenómeno de extremada importancia, y creo que hay que partir de ahí para comprender las primeras manifestaciones del *Nouveau Roman* y toda una serie de obras literarias actuales; el otro aspecto es el tema mismo de la rebelión en el interior de la obra de algunos escritores y artistas.

A pesar de la estrecha ligazón entre esos dos aspectos de la negación, hay sin embargo una diferencia fundamental. En un caso, tenemos un rechazo de la sociedad, una rebelión que se expresa a través de la invención de formas nuevas; en el otro, estamos ante el problema de la rebelión de los hombres en y contra la sociedad que rechazan, tratado en la obra, formando tema, materia, preocupación central y estructuración.

Voy a hablar muy rápidamente del primero de esos dos aspectos para pasar a continuación a un breve análisis de la obra del mayor escritor de la rebelión en la literatura francesa de hoy, Jean Genet, tal como se ha expresado en su teatro desde *Las criadas* hasta *Las mamparas*.

Ni que decir tiene que parto de la idea de que un gran escritor no puede escribir cualquier obra válida en cualquier lugar o en cualquier momento. En primer lugar, porque sólo puede escribir en una perspectiva global que él no ha inventado y que tiene que existir en la sociedad para que él pueda a continuación trasponerla a un universo imaginario y coherente. En segundo lugar, porque ese universo imaginario sólo puede constituir una obra válida en la medida en que esté centrado en los aspectos esenciales de la realidad social que ha contribuido a elaborar las categorías que lo estructuran. Es claro que la empresa resulta difícil y no voy a extenderme en ello; me limitaré a decir que es la traducción al lenguaje de la sociología de la cultura de la idea de identidad entre sujeto y objeto, central en la filosofía hegeliana.

Ahora bien, en la medida en que el fenómeno importante de la sociedad contemporánea es de un lado la pérdida y desaparición progresiva de la importancia del individuo y de la significación de lo inmediatamente vivido, y de otro lado la tendencia al encogimiento de la conciencia, la resistencia de los escritores a esa sociedad que está naciendo y desarrollándose choca con un doble obstáculo:

En efecto, de una parte, no es ya posible plantear al nivel de una historia percibida inmediatamente los grandes problemas de la sociedad moderna, del hombre en el mundo actual. La biografía de un personaje ha venido a ser una anécdota. Si uno se limita a contar las cosas y acontecimientos al nivel en que son vividos inmediatamente, corre el peligro de quedarse en el mero «suceso» sin significado esencial.

Y a la inversa, si el escritor intenta plantear los problemas de conjunto, se ve obligado a situarse a un nivel que, sin ser conceptual (pues ninguna gran obra de arte es conceptual), viene a ser sin embargo totalizador y pierde cada vez más la relación con lo percibido y vivido inmediatamente; y eso en el momento en que la conciencia de los individuos que viven en la sociedad (que quiere decir la gran mayoría de los lectores) viene a ser, por causa del encogimiento psíquico e intelectual de los que he hablado, cada vez menos apto para captar los fenómenos a ese nivel de abstracción y generalidad.

Voy a dar dos ejemplos para aclarar lo que planteo.

Una de las obras más conocidas sobre Robbe-Grillet la ha publicado un profesor americano[4] que, en un estudio extremadamente inteligente y penetrante, muestra que cada narración de ese autor contiene una historia, una historia contada que es posible extraer con un poco de habilidad si uno sigue muy de cerca el texto, y que al cabo esa historia se parece en algunos aspectos a las que contaban ya las novelas de la época del capitalismo liberal. A partir de ahí concluye que la originalidad de Robbe-Grillet reside en primer lugar en que cuenta esa historia de forma distinta a la que utilizaban los escritores anteriores.

Tuve una larga discusión con ese crítico, e intenté sostener que si un escritor cuenta cosas de forma distinta, es que esas cosas han venido a ser ellas mismas

4 Bruce Morrissette, *Les romans de Robbe-Grillet*, de Minuit.

esencialmente distintas, y no puede emplear para decirlas la forma consagrada. Esa discusión terminó con el análisis de un pasaje de Los celos: «Los zapatos ligeros de suela de caucho no hacen ningún ruido en las baldosas del pasillo».[5] «Es evidente —decía el crítico—, que se trata de un hombre celoso que camina con paso cauteloso para no hacer ruido y sorprender a la mujer.» «Es posible —le respondí—, pero lo esencial es que Robbe-Grillet no ha escrito "un hombre camina con paso cauteloso", sino "los zapatos ligeros (...) no hacen ningún ruido" y que si lo ha hecho probablemente se debe a que lo esencial era el hecho de que en el mundo actual los zapatos comportan el hombre; que ya no es el hombre sino el objeto inerte el motor de los acontecimientos.»

Naturalmente, la respuesta fue: «Es una salida divertida e ingeniosa, sin duda, pero no deja de ser una *boutade*». Entonces le pedí a mi interlocutor que eligiese entre dos afirmaciones que iba a plantearle, y me dijese cuál de las dos le parecía más exacta, teniendo en cuenta que de esa opinión dependería también la respuesta al problema que acabábamos de discutir:

En efecto, se puede decir que cada año, entre julio y agosto, cierto número de millones de personas de los países industriales avanzados se van de vacaciones con una cámara fotográfica y hacen fotos que luego muestran a sus amigos y a los miembros de su familia.

También se puede decir que cada año el consejo de administración de Kodak y de las principales empresas productoras de cámaras fotográficas, siguiendo un acuerdo rara vez explícito, pero sí implícito con cierto

5 A. Robbe-Grillet, *La jalousie*, Ed. de Minuit, 1957, p. 48.

número de agencias de viaje, deciden que van a producir cierto número de cámaras fotográficas que viajarán por el mundo, mientras que otro número determinado de cámaras, vendidas en años anteriores, seguirán en circulación, y una vez tomadas esas decisiones, las cámaras parten de viaje con el número correspondiente de personas que las manejen.

¿Cuál de esas dos formulaciones da cuenta mejor de la realidad esencial del fenómeno?

Pienso que cualquier sociólogo serio elegirá la segunda y, en la medida en que ésta es la que permite comprender más exactamente la realidad eso vale también para su transposición literaria, que conduce a Robbe-Grillet a decir: «Las suelas caminan» y no «el hombre camina». Ahora bien, con esto tenemos un cambio sustancial que el escritor sólo puede expresar a ese nivel de abstracción, lo que resultará paradójico a la mayor parte de los lectores del texto. Pues la gente vive al nivel de las percepciones inmediatas: por ello, ante un texto de ese tipo, dicen: «es absurdo», y vuelven al aspecto inmediatamente captado y vivido, que es superficial y no roza la esencia del fenómeno. Ahora bien, el gran escritor intenta precisamente alcanzar, consciente o inconscientemente, esa esencia, decir lo esencial. La historia de un hombre celoso no es más que un mero «suceso» mientras que las suelas que arrastran al hombre se han convertido en el fenómeno central de nuestra vida cotidiana, seamos consciente de ello o no.

Otro ejemplo. Hice un test planteando la misma pregunta a cierto número de personas que habían visto el film de Godard *El desprecio*; les rogué que me contasen el tema de esa película. Ahora bien, hasta hoy y casi infaliblemente, siempre he obtenido respuestas del mismo tipo: «Es una pareja que se deshace porque la mujer empieza a despreciar al hombre». Creo que sólo una vez me contestó alguien: «Trata de un libro, creo que es la *Odisea*».

Pues bien, el tema del film es de toda evidencia la imposibilidad de amarse en un mundo en que ya no es posible filmar la *Odisea* porque sólo hay dos formas de comprenderla: la del humanismo cultivado y tradicional que se está muriendo, la de Fritz Lang que sabe que la *Odisea* es una obra en que los dioses están presentes y que actualmente se encuentra en un mundo en que los dioses han desaparecido; y la de Prokosch, que ni siquiera sabía que en la *Odisea* hubiese dioses. Ahora bien, aunque en la película esté presente casi constantemente el problema de la *Odisea* y de su transposición fílmica, la mayor parte de los espectadores ni siquiera se dieron cuenta de su existencia.

La película de Godard es un intento de dilucidar la oposición Fritz Lang-Prokosch. Al tomar conciencia del problema, la mujer empieza a despreciar al marido que no entiende nada del mundo que le rodea y vive en la inconsciencia total. El amor es imposible en un mundo en que ya no hay dioses, en que los hombres adaptados ni siquiera saben qué pueden significar las palabras «dios» o «amor», ni qué sentido podrían dar a su existencia. Y la película termina con el accidente y la muerte entre dos remolques inertes, que prolongan simbólicamente la oposición entre Fritz Lang y Prokosch, mientras el primero sigue filmando una

Odisea caricaturesca ante un mar desesperadamente vacío.

Aunque la *Odisea* esté en el trasfondo, Godard concede mucho más espacio material a los problemas del film, a las discusiones sobre la *Odisea* y a la oposición Fritz Lang-Prokosch que al resto de la historia. Pero intentad realizar la experiencia y veréis hasta qué punto ese aspecto esencial del film ni siquiera ha sido percibido por los espectadores.

Es el problema central planteado en la actualidad por la creación literaria. La problemática que el escritor quiere expresar, la de la ausencia de dioses en el mundo moderno (y los dioses significan los valores fundamentales y las posibilidades de que el individuo se realice), es difícilmente accesible o incluso inaccesible para la mayor parte de los lectores, que apenas se dan cuenta de que en realidad son las suelas las que caminan y arrastran al hombre... Y podemos tomar toda otra serie de libros y de películas modernas importantes, y encontraremos la misma problemática, que cineastas y escritores no pueden plantear al nivel de la historia de la vida de Pedro o de Juan porque ésta se ha convertido en una simple anécdota. Una película como *El desprecio* la plantea al nivel de la historia de la pareja, pero para hacerlo se ve obligada a superar esa historia y resultar incomprensible en una sociedad en que la lectura se orienta cada vez más hacia los problemas profesionales y la vida inmediata, en que la posibilidad misma de comprender la problemática de la existencia de los dioses (lo que Marcuse ha llamado la dimensión de lo posible del hombre) se reduce notablemente. Esta situación da lugar a un arte difícil que ya no parece hablar directamente al lector, siendo así que siempre que se trate de un gran escritor —y todavía quedan algunos— el autor hace con toda seriedad todo lo que puede por hacerse comprender (no estoy hablando de los epígonos, sino de las obras auténticamente creadoras). Por esa razón, la crítica ocupa hoy un lugar cada vez más importante.

Sólo he mencionado dos ejemplos, los de *Los celos* y *Desprecio*. Podría coger el mismo problema analizando una veintena de obras literarias y de películas. Casi todo el arte contemporáneo es un arte de rechazo que se interroga sobre la existencia del hombre en el mundo moderno y para ello se ve obligado a situarse en un nivel abstracto, es decir, a no hablar ya con ayuda de la historia de un individuo ni siquiera de un acontecimiento vivido, pues el propio individuo no es ya un elemento esencial de la sociedad contemporánea como lo era en la época de Stendhal, Balzac o Flaubert.

Llegamos así a lo que llamo la rebelión en el plano formal, necesaria si quiere uno permanecer en el nivel de la esencia y de la auténtica creación. Un arte que rechaza esta sociedad, un arte humanista que señala los peligros de ésta para el hombre debe hablar necesariamente para ello ese lenguaje nuevo.

Lo cual nos conduce al problema de la comprensión de la literatura y el arte contemporáneo por su público. Las películas de Godard tienen un éxito relativo, pero si intentáis preguntar a los espectadores de qué tratan, veréis hasta qué punto son impermeables al mensaje, a pesar del éxito. En cierta ocasión, a la salida de la película de Godard *La chinoise*, me encontré en un café al lado de gente respetable que hablaban del film que acababan de ver. Había una verdadera puja de afirmaciones de este tipo: «Es un film absurdo, ridículo, que no tiene ningún sentido ni significa nada»; «se burla de nosotros, nos toma por imbéciles», etc. La conversación continuó con esta tónica durante unos diez minutos, hasta que una dama concluyó la discusión en tono perentorio y como quien dice lo más negativo que se pudiese formular sobre el film: «En una palabra, es igual que Picasso.»

¿Cómo conseguir que sea recibido un arte cuyo lenguaje se sitúa cada vez más lejos del nivel de la percepción inmediata en una sociedad en que el propio proceso que obliga a los escritores a hablar de esa forma impide que el público, salvo casos excepcionales y un esfuerzo particular, les entienda y supere lo inmediatamente percibido? Ese es el problema.

La otra parte de esa misma problemática es la cuestión del pensamiento de oposición y el tema de la rebelión en la literatura. Ahora bien, resulta que hasta el momento, y por lo menos en el plano de las manifestaciones exteriores y visibles, las sociedades industriales parecen sólidamente integradas. En un libro escrito hace tres o cuatro años,[6] yo decía que las fuerzas de transformación en el interior de la sociedad tecnocrática contemporánea tal vez no sean tan débiles como pudiera pensarse limitándose al nivel manifiesto en que se las puede percibir. Era necesario estudiarlas mediante investigaciones sociológicas en profundidad, pero el hecho es que si hablamos de la literatura tal como se ha escrito hasta hoy, se ha escrito en una sociedad en que las fuerzas contestatarias parecen haberse debilitado progresivamente. Ahora bien, así como los escritores no pueden ya contar la historia de un individuo en

6 *Pour une sociologie du roman*, Gallimard, 1964.

un universo en que ese individuo ya no tiene realidad esencial, tampoco pueden contar la historia de las fuerzas de contestación cuando éstas aún no existen o están desapareciendo. Por ello, la literatura de la rebelión ha ocupado sólo un lugar relativamente secundario en el desarrollo reciente de la literatura contemporánea.

Dicho esto, queda a pesar de todo un escritor de gran talla que ha puesto ese problema en el centro de su obra. Se trata de Jean Genet en sus cuatro últimas piezas: *Las criadas*, *El balcón*, *Los negros* y *Las mamparas*.

De otro lado, el estudio de esos textos plantea un problema de sociología estética bastante importante que me limito a señalar de paso. En mi seminario estamos estudiando ahora el existencialismo y constatamos —sin saberlo explicar de momento— que en el momento en que abordaron los temas de la lucha de clases, de la rebelión y la revolución, tanto Genet como Sartre pasaron de la prosa y la novela al teatro.

Es claro que las grandes obras existencialistas del primer período son *El muro* y *La náusea*, pero en ellas Sartre no plantea en modo alguno el problema de la historia y la revolución. Cuando entra en esa problemática, intenta todavía escribir una novela, *Los caminos de la libertad*, que en su momento tuvo un éxito enorme. Pero hoy siguen leyéndose *El muro* y *La náusea*. La mayor parte de los críticos serios consideran *Los caminos de la libertad* como una novela frustrada (y el propio Sartre no la acabó nunca). A continuación, planteó la nueva problemática en una serie de obras que van desde *Las moscas* hasta *Los secuestrados de Altona*, y que en gran parte tienen por tema los problemas de la revolución, aunque el autor los plantee todavía en la perspectiva de la filosofía clásica: la de la relación entre el individuo y la realidad social exterior (Orestes y la revolución, Goethe y la historia, Frantz y la tortura). En una palabra, en casi todo el teatro de Sartre nos encontramos con el conflicto entre ética e historia, al revés de lo que vemos en el tema de sus novelas.

A Genet le ha ocurrido casi exactamente lo mismo. Debutó como novelista. Tras escribir una obra teatral, *Alta vigilancia*, más bien mediocre por estar todavía centrada en la antigua problemática, aparece en su obra el conflicto entre dominados y dominantes. Es entonces cuando escribe sus cuatro grandes piezas, y al decir esto no estoy expresando simplemente una opinión personal. Basta con constatar objetivamente la frecuencia de las representaciones. Rara vez se representa *Alta vigilancia*, mientras en el mundo entero no cesan de representarse *Las criadas*, *El balcón*, *Los negros*, y *Las mamparas*. El público percibe las obras de Genet sobre todo como «poéticas» y en alguna ocasión esto tal vez signifique algo, pero con mucha frecuencia quiere decir simplemente: «Son muy bonitas, me gustan, pero no sé por qué.» Sin embargo, son obras complejas, cuya estructura no se capta tal vez a la primera, pero que al analizarlas resultan extremadamente rigurosas, hasta el punto de que casi cada frase tiene su razón de ser en el punto preciso en que se encuentra. Añado que esas cuatro obras tienen una estructura fundamental común, que trataré ahora de esbozar.

Ante todo tienen un elemento común que las separa de todo el resto de la literatura contemporánea: los personajes son colectivos. No hay ningún personaje individual, salvo en cierta medida Saïd, de *Las mamparas*, que se define, sin embargo, en relación a fuerzas colectivas y por lo demás no es totalmente individual dado que forma parte del grupo que integran él mismo, su madre y su mujer, Lelia. En *Las criadas*, tenemos de un lado al Señor y la Señora, y de otro a Solange y Clara; en *El balcón*, de un lado los personajes del balcón y del otro los personajillos que van a la Casa de las Ilusiones y los rebeldes: en *Los negros*, tenemos negros y blancos; en *Las mamparas*, finalmente, los colonizadores, los rebeldes y los muertos, por no hablar ya del ejército y las prostitutas.

En la medida en que la acción histórica constituye el tema y la problemática de una obra, es evidente que las fuerzas en acción no son individuos sino grupos, pues el tiempo individual sólo es biográfico, mientras el tiempo de los grupos es el tiempo histórico. Ahora bien, desde Malraux —y la obra de Malraux tiene ya unos cuantos años—Genet es el único gran escritor contemporáneo que nos haya presentado el conflicto entre fuerzas que tienen carácter colectivo.

Si ahora nos preguntamos cuáles son las relaciones entre esos personajes colectivos podemos decir que por lo menos en el caso de las tres primeras obras, y en cierta medida también en la cuarta, el tema es la oposición, el conflicto entre dominados y dominantes, tomando los primeros cada vez una figura distinta (sean las criadas, los negros, los personajillos y rebeldes del *Balcón*, los colonizados, a los que se oponen el Señor y la Señora, los Blancos, los poderosos del Balcón, los colonizadores o el grupo victorioso de los rebeldes coloniales en *Las mamparas*).

En cuanto al conflicto, también presenta en las cuatro obras ciertos rasgos comunes. Ante todo el hecho de que los sentimientos de los dominados hacia los dominadores son complejos y compuestos de dos elementos contradictorios: el odio y la fascinación. Odio y fascinación que se justifican en las obras y crean la coherencia de su universo por el hecho de que todos los intentos de los dominados de destruir a los dominadores acaban en fracaso. Las criadas quieren matar a la Señora, pero no pueden lograrlo, en El Balcón los rebeldes no pueden destruir el orden establecido (veremos que la cosa se plantea de manera hasta cierto punto distinta en Los negros y sobre todo en Las mamparas), y esto es lo que justifica la fascinación de los dominados ante el poder de los dominadores.

Dentro de ese universo, lo único que pueden realizar los dominados es el ritual. Este consiste en dos elementos que, aun no teniendo siempre las mismas proporciones ni peso en las diversas obras, se encuentran sin embargo presentes en todas ellas. En efecto, en *Las criadas*, *El balcón* y *Los negros*, los dominados juegan a destruir, a matar a los dominadores, y al mismo tiempo a ser ellos dominadores. El odio implica el lado de destrucción del ritual, la fascinación su cara de identificación. Las criadas juegan a ser Señora y a matar a la Señora. En *El Balcón* los personajillos juegan a ser los poderosos y a destruir con la revolución a los poderosos. Encontramos una situación idéntica en *Los negros* y también, en parte, en *Las mamparas*.

Finalmente, el último elemento de ese universo: lo real siempre es engañoso, inauténtico e incluso odioso, mientras en cambio los únicos valores auténticos y profundos son incuestionablemente los del ritual. Sólo hay verdad en la apariencia, sólo hay algo humano en lo imaginario, aunque nunca consiga transformar la realidad.

En relación a este punto, la recepción de este teatro ha chocado con un malentendido fundamental. Cierto número de críticos (y pienso en concreto en un crítico americano particularmente inteligente, Lionel Abel, pero también en muchos otros) nos han presentado a Genet como el poeta de las apariencias. Por lo demás, Lionel Abel ha sacado todas las consecuencias de ese análisis al subrayar que Genet, que al principio de sus obras es un gran escritor, se hace mucho más débil al fin de las mismas, según él. En efecto, no se comprende por qué no acaba las piezas en la perspectiva en que las empezó, por qué al final las criadas se suicidan, por qué al término de *El Balcón* Roger se mutila o se mata. Si la apariencia es maravillosa, si lo imaginario es lo único válido, los personajes tendrían que complacerse en ello, y no se comprende qué puede llevarlos a la desesperación. Y al constatar eso, en lugar de preguntarse «¿no será que Genet dice otra cosa? ¿No me habré equivocado?» los críticos se aferran a su interpretación, temiendo no comprender en otro caso el conjunto de la obra. Pues si en ese universo lo único que vale es el ritual, no por ello resulta satisfactorio. Cada una de las obras desemboca en la problemática del paso de lo imaginario a lo real, y es la imposibilidad de ese paso lo que crea la desesperación, el suicidio de las criadas, la mutilación de Roger, y, de forma más compleja —como veremos pronto—, el fin de *Las mamparas*. Tal es el universo de las cuatro obras. Intentaré ahora abordar las diferencias entre ellas, empezando por las dos primeras.

En *Las criadas*, Genet hizo todo lo posible porque la obra fuese clara. Hay un pasaje que me parece absolutamente central: aquel en que las criadas y la Señora dicen lo mismo (cuánto quieren al Señor y cómo le seguirían hasta un presidio). Pero cuando hablan las criadas todo eso resulta auténtico, dramático y humano, mientras lo mismo viene a ser ridículo y odioso en labios de la Señora, En efecto, cada noche las criadas juegan a ser la Señora y a matar a la Señora; cada noche representan un ritual en el que Clara juega a ser la Señora y Solange a ser Clara. Han intentado matar a la Señora en la realidad como en el ritual, pero nunca lo han conseguido. Además, han denunciado falsamente al Señor, que ha dado con sus huesos en la cárcel.

En el momento en que se levanta el telón, asistimos a una de esas veladas. Clara y Solange, imaginando ser la Señora, nos dicen lo mucho que quieren al Señor, con un amor auténtico, a ese Señor que tal vez sea condenado. En ese instante llega la Señora. Dice lo mismo, con sólo ligeras variaciones de estilo, y resulta absolutamente odioso. Ante todo, porque la Señora habla en condicional, explica que el Señor se las compondrá y evitará ser deportado pero que, caso de que le deportasen, ella le seguiría hasta el penal. Es odioso también porque habiendo afirmado que nada le interesa ya, que va a regalar sus pieles, que no quiere revisar ya las cuentas, basta con que se entere de que van a poner en libertad al Señor para que pida las cuentas, vuelva a ponerse las pieles, cosa que nos hace comprender que en ningún momento había dejado de pensar en ello. Finalmente, es odioso por la frase final de su gran discurso, en que exclama: «Solange, deme un cigarrillo.»

Así, la obra se centra de punta a cabo en la autenticidad de lo imaginario por contraposición al carácter sórdido de la vida real, en el carácter humano y dramático, aunque humillado de las criadas, por contraposición al carácter mentiroso y ridículo de la Señora. Pero ponen en libertad al Señor. Resulta entonces evidente que van a detener a las criadas por denuncia fraudulenta, que no podrán seguir desarrollando su ritual cotidiano y que al cabo tendrán que reconocer su derrota. Intentan de nuevo envenenar a la Señora pero, como dice el texto, hasta los objetos conspiran en favor de ésta: la Señora no puede ser destruida, es demasiado fuerte. Las criadas no pueden sino destruirse ellas mismas para triunfar en lo imaginario. Al fin, la Señora es magnánima como siempre. Creyendo que las criadas la adoraban, llorará por la pobre Clara, a la que la mala Solange había dado muerte, pero ésta le responderá: «Yo ya no soy la criada, soy la Señorita Solange.» Y la obra termina con la evocación de la Cena, que no tiene nada de parodia: de acuerdo con Solange, Clara va a beber el veneno en un recipiente precioso.[7]

Encontramos idéntico esquema en la obra siguiente, *El Balcón*, cuya acción es por lo demás la trasposición literaria de las grandes transformaciones de la sociedad occidental contemporánea.

En el Balcón se encuentran los poderosos: el jefe de policía y la propietaria (la Señora Irma) abajo, la pobre gente que va a la Casa de las ilusiones a jugar a ser los poderosos. En realidad, juegan a ser aquellos que son tenidos por tales por parte de todo el mundo, es decir, a ser general, obispo o juez, mientras que tiempo ha la sociedad se transformó y los auténticos poderosos son ahora el jefe de policía y la Señora Irma, propietaria de

---

7 Para un análisis más detallado de esas cuatro obras, ver L. Goldmann, «Le théatre de Genet. Essai d'étude sociologique», en *Structures mentales et création culturelle*, París, Ed. Anthropos, 1970.

la Casa de las Ilusiones. El tema de la obra es, a modo de transposición poética, la secuencia de los acontecimientos que han hecho a la sociedad consciente de esas transformaciones y hacen que al fin de la obra la gente ya no vaya a la Casa de las Ilusiones para jugar a obispos, jueces o generales, sino a ser jefe de policía. Esta evolución, tal como se cuenta en la obra, corresponde rigurosamente a la historia de la sociedad occidental en la cual la toma de conciencia ha sido en buena medida resultado de la amenaza revolucionaria de los años que siguieron a la Primera Guerra Mundial y de la derrota de las fuerzas favorables a la revolución.[8]

El problema del ritual se plantea en forma homóloga a la de *Las Criadas*: identificación y deseo de destrucción en lo imaginario. Me voy a limitar a las tres primeras escenas de la Casa de las Ilusiones, en que se nos dice precisamente que el obispo real no puede ser un auténtico obispo, no puede realizar la esencia del obispo, ya que ésta es incompatible con la realidad. Un obispo real se ve obligado a aceptar innumerables compromisos y mentiras, mientras la esencia del obispo, que tiene que negarse a todo compromiso, sólo puede encontrarse en lo imaginario, en la Casa de las Ilusiones. La segunda escena nos dice que el juez imaginario, que realiza la esencia del juez, supone la existencia del criminal y de la esencia de éste. Finalmente, la tercera escena, la del general, nos muestra hasta qué punto la esencia imaginaria constituye el único valor poético y auténtico. Por supuesto, los tres aspectos que acabo de enumerar

8 Por lo demás, tenemos una trasposición homóloga referente a la sociedad oriental en la obra de W. Gombrowicz, *El matrimonio*, que cuenta cómo de la victoria revolucionaria nacieron la sociedad tecnocrática y el predominio del ejecutivo.

coexisten en las tres escenas, pero hay una diferencia de acento.

Luego viene la rebelión, en el curso de la cual los personajillos toman conciencia del poder de la propietaria de la Casa de las Ilusiones, Señora Irma, y del jefe de policía. Habiendo resultado muertos el obispo, el juez y el general reales y continuando la lucha, los poderosos del Balcón toman algunos personajillos para sustituirles, convirtiéndoles realmente en un obispo, un juez y un general, transformación que naturalmente les hace perder todo carácter patético y dramático y les hace aparecer como simples caricaturas.

Después de la rebelión, Roger, el jefe revolucionario, que exigía organización, había comprendido la importancia de ésta y se oponía a los defensores del sueño, la espontaneidad y la autenticidad, va a la Casa de las Ilusiones para exigir jugar a jefe de policía. Es el gran acontecimiento esperado desde hace tiempo. Pero pronto se dará cuenta de que sólo es jefe de policía en apariencia, siendo así que quería ser jefe del ejecutivo en la realidad.

Se mutilará a sí mismo (es una forma de decirnos que va a matarse), lo mismo que las criadas se habían dado muerte. A partir de eso, incorporado a la imaginación del conjunto de la sociedad, el jefe de policía va a reinar sobre ella durante dos millares de años.

En *Los negros* hallamos el mismo problema. Los poderosos, los dominadores, los blancos del Balcón son de otro lado los mismos personajes que en la obra anterior: el militar, el magistrado, el eclesiástico, la reina y el criado (que corresponde al mensajero de la reina en

El Balcón). No podía haber mejor forma de subrayar el vínculo entre ambas obras, vínculo que, sin embargo, los críticos no han percibida casi nunca. Una vez más Genet ha hecho todo lo posible por ser claro, y sin duda no es culpa suya que no se le haya comprendido.

Pero al analizar esa obra topamos con un problema estética nuevo. No se puede hacer representar a los blancos por actores blancos y a los negros por actores negros. Siendo el tema central de la obra —como en las anteriores —la oposición radical entre dominados y dominantes (en este caso, negros y blancos), el tema quedaría contradicho si se desarrollase una representación que fuese resultado de la colaboración entre unos y otros. Por ello es preciso que los blancos sean representados por negros que lleven máscaras blancas dejando ver en todo momento que se trata de máscaras. Por lo demás, en un momento determinado de la obra se las quitarán para aparecer como actores y explicar su solidaridad con los que hacen el papel de dominados.

La construcción de la obra responde al mismo esquema que las dos anteriores. Al principio, los negros realizan el ritual periódico del asesinato de una mujer blanca, ritual en el que al cabo debían ser condenados por los blancos. Y lo mismo que las criadas sólo podían matarse ellas mismas y Roger acababa por mutilarse, los negros sólo matan fuera a otro negro que —según sugiere toda la obra— les había traicionado. Sin embargo, llegamos a un punto en que la acción se transforma. Ville de Saint Nazaire, que establece la relación con el exterior, vuelve a escena para decir que después de aquella ejecución vendrá un jefe que tal vez lleve a los negros a la victoria. En ese momento el proyecto del ritual parece cambiar, y la obra termina con la destrucción imaginaria de los blancos. Es una victoria que todavía existe sólo en el plano de lo ritual, de lo imaginario, pero, sin embargo, existe y sustituye a la derrota.

La problemática de la obra se manifiesta de modo particular en una escena repetida dos veces en la obra, y en la que voy a detenerme.

El ritual se centra en un asesinato, pero los distintos participantes no quieren integrarse en el programa y el que lleva el juego, Archibald, tiene que estar siempre reuniéndoles y llevándoles a jugar el papel que les corresponde. Una pareja de enamorados, Virtud y Pueblo, explican que se quieren, que su amor les basta y no necesitan participar en el ritual. A lo cual responde Archibald —dándonos en parte la clave de la obra— en resumidas cuentas: «No podéis amaros porque sólo podéis hacerlo con palabras blancas. Y para poderlas usar no tendríais que estar en el escenario, sino en la sala, entre los blancos que no os admiten. Vosotros sois negros, y es imposible que haya amor entre los negros, entre dominados, en el mundo de los que os dominan y con palabras que no son vuestras. Antes, hay que crear un mundo nuevo, y con él un lenguaje nuevo, para que podáis vivir realmente un amor que sea vuestro, un amor negro.» En realidad, ese tema lo encontrábamos ya —aunque expresado con menor claridad— en *Las criadas*, donde el amor de Solange y Clara por el lechero sólo podía ser sórdido, y el único amor auténtico era el que sentían por el Señor, identificándose con la Señora, imaginando que le seguían hasta el penal cuando le condenasen. Por lo cual, al acabar *Los negros*, cuando prácticamente se ha terminado la acción, se ha cumplido el ritual y los blancos han sido ejecutados, mientras los demás actores se están retirando del escenario, vemos que Virtud y Pueblo se quedan y vuelven a plantear el mismo problema. Pueblo quiere abrazar a Virtud.

> VIRTUD (*a Pueblo*). Todos los hombres son como tú: imitan. ¿No puedes inventar algo distinto?
>
> PUEBLO. Por ti, sería capaz de inventar cualquier cosa: frutas, palabras más frescas, una carretilla de dos ruedas, naranjas sin pepitas, una cama para tres, una aguja que no pinche, pero gestos de amor, eso resulta más difícil... en fin, si te empeñas...
>
> VIRTUD. Yo te ayudaré. Al menos, tengo la seguridad de que no podrás enredar tus dedos en mi rubia cabellera.[9]

Este final corresponde al hecho de que la situación exterior no es la misma. Hay un nuevo dirigente negro, y el ritual se inserta en una lucha que tal vez conduzca a la libertad. Sin pasar de la derrota de los dominados a su victoria real y a la derrota de los dominadores, la obra muestra al menos la posibilidad y la esperanza de ese fin. Y por eso mismo, en el plano del amor de Virtud y Pueblo puede aparecer también la esperanza de hallar palabras que permitan la realización de ese amor.

Finalmente, Genet ha escrito una cuarta obra, mucho más compleja, *Las mamparas*, que empieza con un universo de esquema análogo al que ya conocemos: la oposición entre dominados y dominadores. Pero esta vez la obra tiene como tema la victoria de los dominados. En el curso de la acción aparecen tres órdenes sociales: el ya conocido de las obras anteriores, orden de los dominados y los dominadores, de los colonizados y los

---

9 *Les Négres*, l'Arbaléte, 1963, p. 180.

colonizadores; a continuación el orden de los rebeldes victoriosos; y finalmente el orden de los muertos.

Como sociólogo, me permito señalar que esos tres órdenes corresponden a tres conceptos del grupo de la izquierda radical cuya visión traslada Genet al conjunto de su teatro, a saber: la sociedad de explotación, constituida por la posición dominados-dominadores; la sociedad en que los dominados victoriosos toman el poder pero conservan aún el Estado, y que no es todavía la sociedad ideal; y finalmente la sociedad soñada que va a suprimir todas las contradicciones y en que todo el mundo va a reconciliarse, en que todas las contradicciones que oponían a los hombres en su vida terrena habrán desaparecido, en que los antiguos enemigos van a entenderse dejando a un lado todo lo que en otro tiempo les había separado en la vida.

Ahora bien, hay un grupo que se opone a esos tres órdenes. Esa oposición habría podido ser cosa de un individuo, Saïd, pero ya hemos visto que Saïd está acompañado, tiene a Leila, su mujer, y también a su madre. Los tres personajes constituyen un grupo de individuos no idénticos, ya que hay una jerarquización que seguiremos encontrando hasta el fin de la obra (Saïd es mucho más anarquista, mucho más opositor que Leila a la madre), pero un grupo que va a oponerse a todos los órdenes con que se encuentra en el curso de la acción.

Al lado de ese tema fundamental (las relaciones entre Saïd, su mujer y su madre, de un lado, y los tres órdenes de otro), quedan todavía en la obra dos sectores —es una obra de acción particularmente compleja que se va transformando paralelamente al desarrollo de la acción principal, a saber: el burdel y el ejército.

La historia del burdel (que sólo esbozo muy por encima) es paralela a la transformación y sucesión de los tres órdenes. Por lo demás, hay tres prostitutas que corresponden a esos tres órdenes y a las dos transformaciones que constituyen el paso de uno a otro. Al principio, el burdel es el universo imaginario, el universo de lo ritual, al que acuden los dominados para hallar la autenticidad y la esencia, la única autenticidad en verdad —ya dije que esto vale para las cuatro obras de Genet— que pueda existir en un mundo en que los colonizadores, los dominadores, son odiosos y ridículos, y en que los colonizados se encuentran en situación idéntica a la de las criadas, los personajillos y los negros. Ese universo de lo imaginario auténtico viene representado en el burdel por la prostituta perfecta, Warda.

En el segundo episodio las prostitutas mismas dirán que se han integrado en la sociedad y en la lucha. Ahora tienen una función en el combate revolucionario. Se las respeta, se las saluda, los demás las reciben y aceptan como miembros de la sociedad. Lo imaginario ha sido sustituido por una función real, su actividad es ya parte de la vida. Esta situación la encarna Malika, la prostituta que desde el principio mantenía relaciones con la resistencia.

Finalmente, en el plano del tercer orden, de la victoria de los revolucionarios y la aparición del orden de los muertos como perspectiva en alguna dirección, se ve que la sociedad surgida de la victoria de los dominados quita todo valor al burdel: matan a Warda, Malika pasa a un segundo plano, y el lugar de ellas lo ocupa otra prostituta que llega del Norte y no tiene ya función social válida ninguna. En realidad, la victoria de los rebeldes —y es uno de los problemas centrales de la obra, o tal vez el problema central— ha creado un universo que rechaza a la vez el inconformismo y lo imaginario; éste no tiene ya lugar en el mundo nuevo (y por lo demás los rebeldes tienen el mismo aspecto que los soldados que combatían antes defendiendo a los dominadores), y precisamente por ello Saïd no puede aceptar ese mundo. Es claro, pues, hasta qué punto las transformaciones del burdel son rigurosamente homólogas, funcionales y significativas en relación a la sucesión de los tres órdenes, que constituye el tema principal de la obra.

Digamos ahora algo sobre el ejército, ya que este aspecto de la obra es el que ha provocado todos los problemas, el recibido con más incomprensión por parte del público. Voy a plantear un problema fundamental de crítica literaria. Esta tiene una costumbre muy cuestionable que consiste en poner en relación todos los acontecimientos y problemas que halla en la obra de un escritor con la personalidad y las aspiraciones profundas del autor.[10] Y en concreto, los críticos parecen haberse puesto de acuerdo sobre la existencia de una ligazón entre la homosexualidad que hallamos en la obra escrita de Genet y las aspiraciones profundas de la personalidad de éste, hasta el punto de que en la Bienal de Venecia un crítico conocido afirmó con toda seriedad que el Living Theater había hecho representar

10 Añadiré que todas nuestras investigaciones y todo nuestro trabajo intentan por el contrario mostrar que los únicos problemas que plantea una obra válida son problemas estéticos que remiten a la expresión coherente de una visión del mundo y que con mucha frecuencia tienen bastante poco que ver con la personalidad del autor.

Las criadas por hombres «tal como quería Genet». Ahora bien, el prefacio de Genet a esa obra dice expresamente que tiene que ser representada por mujeres. Y, sin embargo, aquel crítico y su auditorio daban por supuesto que la homosexualidad era fundamental en la obra de Genet, hasta el punto de aceptar como indiscutible que en *Las criadas* los papeles femeninos debían ser representados por varones.

En realidad, la homosexualidad, que es una constante de sus novelas y aparece en la primera obra teatral, *Alta vigilancia*, desaparece en las demás obras teatrales, en las que sólo es posible discernirla mediante interpretaciones muy discutibles. Los amores importantes son los de las criadas por el Señor o el lechero, de Pueblo por Virtud, de Roger hacia Chantal, de Saïd por Leila, todos ellos amores heterosexuales. En el teatro de Genet, la homosexualidad desaparece y no volvemos a encontrarla hasta el caso único de la relación entre el teniente y el sargento del ejército de *Las mamparas*. Cualquier intento científico de relacionar la homosexualidad que aparece en la obra de Genet con su biografía o su personalidad, si quiere ser serio, tiene que dar cuenta de esa desaparición y reaparición. ¿Por qué desaparece la homosexualidad al pasar de la novela al teatro? ¿Por qué reaparece sólo en esa parte de *Las mamparas*?

Si planteamos el problema al nivel del análisis estructural, las cosas se aclaran. Uno de los elementos esenciales en la estructura de la obra de Genet es el noconformismo, el rechazo del mundo existente. Ahora bien, en sus novelas, desde *El diario del ladrón*, y hasta la primera obra teatral, *Alta vigilancia*, Genet estructuró su universo sólo con valores que en definitiva eran reconocidos por la sociedad. Si uno trata de determinar los elementos constitutivos del universo de esas obras, encuentra un conjunto de relaciones hechas sobre todo de amor, amistad y valor. Esos elementos, limitados en sus relaciones al nivel de su afirmación inmediata pueden ofrecer materia para un hermoso libro romántico, pero en modo alguno proporcionan una obra no conformista, y como el elemento anticonformista era esencial para el mensaje y el significado del universo del escritor, sólo había una posibilidad de obtener ese efecto: añadir a la estructura constituida por los elementos que acabamos de enumerar una segunda dimensión que si se quiere podemos llamar oblicua, y que las hacía no conformistas. Por eso Genet añadió a todos los valores constitutivos de su obra del período preteatral ese segundo carácter que los hacía inaceptables para la sociedad: amor, claro, pero amor homosexual; valor, pero el valor del crimen; amistad, pero amistad en el vicio y en comportamientos que la sociedad condena, etc.

Sin embargo, cuando se incorpora a la izquierda radical, y en primer lugar al grupo que gravita en torno a Sartre y *Temps modernes*, cuando descubre el universo de la lucha de clases y lo traslada a su obra, ya no tiene ninguna necesidad de esa segunda dimensión oblicua para hacer una obra inconformista e introducir la crítica social en ella. Entonces vemos que desaparece bruscamente todo lo que iba vinculado a esa dimensión, y en particular la homosexualidad. Por tanto, se trataba de un problema estético y no de un problema de expresión personal.

Y entonces se nos plantea una pregunta: ¿por qué reaparece la homosexualidad precisamente en el ejército de *Las mamparas*? Creo que la razón es muy simple, que de ningún modo se trata de un mero deseo de denigrar y caricaturizar. En la primera parte, Genet describe a los colonizadores de forma extremadamente caricaturesca y no necesita recurrir para nada a la dimensión oblicua. El motivo que entra en juego en el caso del ejército, a mi entender, es exactamente inverso: que en *Las mamparas* el ejército ya no lucha por la victoria. Es un ejército que ya tiene la guerra perdida y no hace sino celebrar un ritual, llevar una guerra imaginaria. Y esa situación le da un valor esencial y positivo en el universo de Genet, en el que la realidad resulta inaceptable.

Es un problema que se había planteado ya en *Los negros*: «El pesar, Señor, les sirve todavía de adorno» (p. 19) decía Nieve, y Archibald nos explicaba entonces que era un riesgo que había que correr si se quería combatir a los blancos. Y por lo demás ese era el motivo de que algunos actores del ritual, y Nieve en primer lugar, no quisiesen participar en esa destrucción.

Es decir, Genet se vuelve a encontrar ante un problema análogo al de sus primeras obras. En efecto, al valorar positivamente al ejército por el hecho de situarlo en la obra al nivel de lo ritual y lo imaginario corre el peligro de hacer la apología de una institución que existe aun realmente en la sociedad. Y para evitar ese malentendido vemos reaparecer todas las antiguas dimensiones oblicuas.

Para ir al centro del problema, abordemos el análisis de la escena que más escándalo ha provocado. Y analicémosla dejando de entrada a un lado la dimensión oblicua, considerando sólo lo que en sustancia dice. En ese ejército que ya no lucha por la victoria, cuyo combate se ha convertido por lo mismo en esencial y auténtico, cada uno de sus miembros tiene interés en no morir solo en un mundo extranjero y en salvaguardar al máximo el ambiente familiar de su patria. Y cuando el teniente muere vemos que, para hacerle la muerte más liviana, todos los demás sacrifican los valores que habían conservado para asegurarse a sí mismos una muerte menos dolorosa.

Si nos quedamos a ese nivel, el nivel en que los camaradas del teniente moribundo se asocian para ayudarle y hacer menos solitaria su muerte, tenemos una escena patética y romántica. Para evitar esa valorización es por lo que Genet añadió la grosería que provocó el escándalo. Pero *Los negros* lo decía ya: cuando los dominadores han sido vencidos, se convierten en auténticos y valiosos.

La problemática es clara. Y también comprendemos por qué no hay que detenerse en la grosería, sino tratar de captar el conjunto estructural de la obra, y la problemática que ha llevado a ese aspecto que estéticamente me parece realmente cuestionable.

Tenemos, pues, que la acción principal se encuentra enmarcada por otras dos paralelas: de un lado el burdel, de otro el ejército. En cuanto a la propia acción central, resulta perfectamente coherente y precisa. Ante todo, tenemos el orden de la opresión, en que no existe autenticidad más que en lo imaginario. A continuación viene la rebelión, iniciada por Saïd, que la rechaza en el instante en que se generaliza (cuando los demás le dicen a él y a su madre: «Teníais razón, venimos con vosotros», se niega a aliarse con ellos y permanece aislado para salvar el no conformismo y la autonomía individual). Finalmente, está la victoria, y en ese momento se plantea el problema del estatuto de Saïd en el orden nuevo. Ommú, figura colectiva y simbólica, explica a los antiguos dominados convertidos tras la victoria en dominadores que ahora que han ocupado el lugar de los antiguos poderosos[11] su rebelión sólo puede justificarse en la medida en que sea capaz de construir un mundo libre, en el que el no conformismo no sólo sea posible, sino que se le reconozcan un derecho y una función, un universo en el que haya un lugar para el canto y para los valores de Saïd. Los nuevos amos no comprenden esa perspectiva; una vez acabada la lucha, están dispuestos como mucho a perdonarle, a aceptar a Saïd y olvidar el pasado. Pero Ommú les contesta que no se trata de perdonar, que está en juego la naturaleza misma del orden que están creando, y que éste no puede justificarse si necesita, aunque sea perdonar el no conformismo. La obra termina con el tiro que dispara uno de los nuevos amos y mata a Saïd.

La Madre entra en el reino de los muertos —porque a pesar de las apariencias de accidente fortuito que ella quiere crear, en realidad participó en la rebelión y la resistencia— y aguarda allí a que lleguen Leila y su hijo. Leila, menos radical que Saïd, no acepta con todo el orden de los muertos; no entra en él, pero envía allí el velo. Saïd, el no conformista, que permanece de pie hasta el fin, y que probablemente es el primer personaje de la literatura contemporánea de vanguardia, no sólo no acepta el orden de los muertos, sino que no manda a él ninguna señal, ninguna noticia, y pasa directamente a la nada. En efecto, permanece en pie desde el principio de la obra hasta el fin. A través de él, vemos

11 Son menos ridículos que los colonizadores porque Genet, tal vez a contrapelo de la coherencia profunda de la obra, quiere mantener la diferencia de valor entre el orden antiguo y el nuevo no poniéndolos a ambos en el mismo plano.

afirmarse el mundo de la libertad, por primera vez en el universo moderno, como algo que puede abrir una esperanza de futuro.

Creo que Genet es el único gran autor contemporáneo que haya escrito una obra centrada ante todo en la dimensión de lo posible y de la superación, y que coloque en el centro el problema de la libertad, de la rebelión y el inconformismo.

Esta exposición sólo toca algunos aspectos del arte y la literatura modernos. Naturalmente, sería preciso desarrollar una serie de investigaciones particulares, lo mismo sociológicas que estéticas, de forma suficientemente precisa y profunda. Tal vez luego fuese posible establecer unas síntesis y, cosa mucho más importante, tal vez algún día nazca una sociedad en la que el problema del arte auténtico no sea sólo un problema de rechazo, sino también de aceptación, de inserción de los hombres en una sociedad auténticamente humana que pueda abrir las puertas a la esperanza.

IV. LAS INTERDEPENDENCIAS ENTRE LA SOCIEDAD INDUSTRIAL Y LAS NUEVAS FORMAS DE LA CREACIÓN LITERARIA

Los trabajos recientes de sociología de la cultura, y en particular los que han tomado como punto de partida los primeros estudios de Georg Lukács, han trastornado de arriba abajo la concepción tradicional de las relaciones entre la vida social y la creación artística y literaria. Porque han mostrado que por lo menos en el período al que se refieren, es decir, la Europa Occidental a partir del siglo XIII, esa creación ha sido la trasposición imaginaria, a un nivel de coherencia extremadamente avanzado, de lo que he llamado «visiones del mundo», es decir, el conjunto de categorías mentales que tienden a unas estructuras coherentes, conjuntos propios de determinados grupos sociales privilegiados cuyo pensamiento, afectividad y comportamiento se orientan hacia una organización global de las relaciones interhumanas, y de las relaciones entre los hombres y la naturaleza.

Mientras la sociología literaria tradicional concebía —como sigue haciéndolo aún una gran parte de la sociología universitaria contemporánea— las relaciones entre vida social y creación literaria a la manera de *influencia* de la conciencia colectiva en un escritor que la refleja más o menos transfigurada, las investigaciones a que me refiero y entre las que se sitúan mis propios trabajos, conciben por el contrario la vida social como un conjunto de procesos colectivos de estructuración orientados, lo mismo en el plano psíquico que en el de la acción, hacia la creación de equilibrios en las relaciones entre los hombres y entre los hombres y la naturaleza; en el interior de esos procesos de estructuración que se expresan en el psiquismo de todos los miembros del grupo, la creación cultural y en particular la literaria tienen un estatuto privilegiado, en la medida en que elaboran universos que, correspondiendo a las tendencias de estructuración de las categorías mentales del grupo —es decir, a la conciencia de todos sus miembros[1]— presentan, sin embargo, un grado de coherencia incomparablemente más avanzado que el que alcanzan éstos. Situada así en un grado muy avanzado de esa unidad interna hacia la que tienden con mayor o menor éxito todos los miembros del grupo, la creación literaria cumple en la vida social dos funciones esenciales:

De un lado, en efecto, no tiene que reflejar la conciencia colectiva ni registrar simplemente la realidad, sino que al crear en el plano imaginario un universo cuyo contenido puede ser totalmente distinto del contenido de la conciencia colectiva, con una estructura que, sin embargo, está emparentada o incluso es homóloga a la de ésta, tiene que ayudar a los hombres a tomar

1 Porque el grupo no tiene existencia fuera de los individuos que lo componen y de las relaciones que se establecen entre ellos y el mundo ambiente.

conciencia de sí mismos y de sus propias aspiraciones afectivas, intelectuales y prácticas.

De otro lado, al mismo tiempo proporciona a los miembros del grupo en el plano de lo imaginario una satisfacción que puede y debe compensar las frustraciones múltiples causadas por los compromisos y las inconsecuencias inevitables impuestos por la realidad.

Al respecto, la creación literaria, artística, filosófica, etc. cumple una función colectiva a la vez análoga y muy distinta de la función individual de lo imaginario puesta de relieve por Freud (lapsus, sueños, fantasmas, etc.); análoga en la medida en que en ambos casos se trata de compensaciones de las frustraciones que la realidad impone, compensaciones destinadas en el caso no patológico a facilitar la inserción en la vida real; distinta en la medida en que las frustraciones individuales analizadas por Freud hacen referencia al *contenido* del deseo, a los objetos que habrían podido satisfacerlo, mientras que las frustraciones colectivas que la creación cultural tiene que compensar sólo rara vez y de modo subsidiario se refieren al contenido de los deseos colectivos, y en cambio hacen referencia normalmente, y siempre esencialmente a la necesidad fundamental *de coherencia y de totalidad* que caracteriza a toda vida humana y social.

En ese marco general, otro resultado importante de esos trabajos es la constatación de una transformación fundamental en la relación entre vida social y creación literaria a partir de la época en que se desarrolló la creación para el mercado, es decir, prácticamente, el capitalismo.[2]

La creación cultural en las sociedades precapitalistas, y también las obras válidas que se vinculan al sector económico de las sociedades capitalistas que sigue predominando cuantitativamente durante mucho tiempo, nos muestran una relación entre sociedad y creación cultural que sigue siendo del tipo que estamos describiendo, es decir, un proceso de estructuración de una conciencia colectiva en el interior del cual el creador traslada al plano del pensamiento conceptual o la creación imaginaria el conjunto categorial en vías de constitución, llevándolo a un grado de coherencia muy avanzado mediante la elaboración bien de un sistema filosófico bien de un universo imaginario de seres individuales y situaciones particulares.

Con ello la obra conserva un carácter a la vez colectivo e individual, siendo el grupo el único capaz de elaborar un conjunto categorial orientado hacia la coherencia, una visión del mundo, pero sin llevarlo casi nunca, o en todo caso rara vez, al nivel de coherencia que alcanza en la obra, y siendo el individuo el único que puede alcanzarlo y expresarlo en un contenido específico.

En esa perspectiva, la cultura, y más exactamente toda obra cultural importante, aparece como punto de

---

2 Para simplificar la terminología de este estudio, designaremos a las distintas etapas históricas de la sociedad capitalista con cuatro términos que sabemos son aproximativos pero que sin embargo podemos utilizar de forma humorística sin provocar malentendidos: capitalismo naciente (en Francia, siglos XVII y XVIII), capitalismo liberal (siglo XIX), capitalismo de los monopolios y de los trusts (primera mitad del siglo XX), capitalismo de organización (época contemporánea, desde la Segunda Guerra Mundial).

encuentro al nivel más elevado tanto de la vida del grupo como de la vida individual, estribando su esencia en el hecho de elevar la conciencia colectiva a un grado de unidad hacia el que se orientaba espontáneamente pero que posiblemente no hubiera alcanzado nunca en la realidad empírica sin la intervención de la individualidad creadora.

Sin embargo, esa situación se ha modificado sensiblemente con la aparición de la producción para el mercado y de lo que voy a llamar sector económico de la vida social.[3]

En efecto, en relación a todas las demás formas de la vida social, ese sector posee un carácter particular, preñado de consecuencias para la creación. Sin poder alargarme sobre un problema cuyo estudio exhaustivo exigiría más de un volumen, mencionemos sólo los dos rasgos más importantes que caracterizan la acción del sector económico:

a) tiende a convertirse, dentro de la sociedad global, en una estructura autónoma que sufre cada vez menos la influencia de los demás sectores de la vida social, ejerciendo en cambio una influencia creciente sobre ellos. Es decir, tiende a reducir el estatuto de la conciencia al de simple reflejo (sin lograrlo totalmente, por supuesto);

b) habiendo eliminado de su terreno y de su funcionamiento toda conciencia de valores

3 Para evitar cualquier malentendido, subrayarnos que definimos lo económico por la «existencia de la producción para el mercado»; cualquier otro tipo de producción, de circulación y de distribución de bienes corresponde al campo sociológico y tecnológico.

> transindividuales (sean morales, religiosos o históricos) y no dejando sobrevivir más que el valor universal de la autonomía del individuo —y eso sólo durante el período liberal—, transfiere las funciones que tenían los valores transindividuales en todas las demás formas de la vida social a un atributo nuevo (de origen exclusivamente social) de los bienes hechos mercancías: el valor de cambio, el precio.

Ahora bien, naturalmente, la influencia cada vez más unilateral del sector económico en la sociedad global tiende, más allá de la supresión de toda conciencia de los valores supraindividuales *en el interior de la vida económica*, a debilitar la presencia y acción de esos valores en el conjunto de la vida social y sobre todo a reducir su autenticidad al estatuto de la falsa conciencia, de la subjetividad pura, e incluso de la charlatanería, es el fenómeno de la *reificación*, descrito en diversos estudios muy conocidos.

Por lo demás, durante los últimos años ha habido sociólogos de la literatura que han subrayado la importancia de la reificación para comprender cierto número de novelas modernas, desde Kafka hasta *El extranjero* de Camus, *La náusea* de Sartre, las novelas de Beckett y el Nouveau Roman contemporáneo. Se trata de trabajos sin duda interesantes, pero que me parecen insuficientes en la medida en que no plantean el problema de las etapas de la reificación y de su influencia diferencial en el proceso de creación literaria, y sobre todo por cuanto no ven que lejos de empezar sólo en el siglo XX, la reificación ha tenido repercusiones en la creación literaria desde el principio del capitalismo comercial; por supuesto, repercusiones al principio localizadas y parciales, la más importante de las cuales fue probablemente la aparición en la vida literaria de un género nuevo destinado a tener un porvenir ilustre, el género novelesco, o más exactamente, la novela de héroe problemático.

En una obra reciente[4] intenté señalar la existencia de una homología rigurosa entre la estructura reificada del mercado liberal y esa forma novelesca cuyo universo se caracteriza entre otras cosas, lo mismo que el del mercado, por la ausencia de valores transindividuales manifiestos aunque esos valores estructuren, sin embargo, de forma implícita y por vía de ausencia un universo compuesto por dos elementos entre los que hay una relación dialéctica de comunidad y oposición: el mundo degradado que ignora esos valores, y el héroe degradado también, pero de forma distinta, que los busca de forma problemática, mediatizada y no consciente. Añadamos que, al igual que la economía liberal, el universo de la novela clásica no conoce más que un valor explícito: el individuo y su desarrollo en un mundo con el que está emparentado y que a la vez le es ajeno. Por ello la novela es *a la* vez una biografía y una crónica social.

Además, esa homología se encuentra reforzada por una analogía muy intensa entre los principales giros de

4 *Pour une sociologie du roman, op. cit.*

la historia de la economía y de la creación novelística, a saber:

a) entre el paso de la economía liberal a la economía de los cárteles y monopolios y la disolución del personaje novelesco, y

b) entre el tránsito al capitalismo de organización y la aparición del Nouveau Roman.

Sólo que a esas analogías entre la estructura del cambio y la estructura novelesca y entre sus historias respectivas parece corresponder una modificación fundamental en la naturaleza de la relación entre la obra y la sociedad a la que se vincula. Podríamos resumir esquemáticamente las características nuevas de esa relación en dos puntos:

a) la homología no pasa ya a través de la conciencia colectiva de un grupo cualquiera pues es imposible hallar una tercera estructura homóloga o emparentada al nivel de esa conciencia;

b) la obra ya no representa, como ocurría antes, el punto de encuentro entre la conciencia individual y la conciencia colectiva en el punto más elevado alcanzado por cada una de ellas, sino por el contrario una relación mucho más compleja y dialéctica. El universo de la novela clásica, en efecto, tiene una estructura relativamente homóloga a la que rige el universo de la vida cotidiana de los hombres en el sector económico, temáticamente dominado también por el único valor manifiesto y universal de la economía liberal: la autonomía del individuo y su desarrollo. Pero a partir de esa base común, la evolución de la obra y la de la sociedad se desarrollan en direcciones divergentes y la obra viene a ser la expresión no del grupo social, sino de una resistencia a ese grupo, o, por lo menos, de la no aceptación del mismo.

El resultado de esas dos modificaciones complementarias en la relación entre la sociedad y la creación novelesca se expresa, entre otras cosas, en el hecho de que la novela clásica no comporta un héroe positivo;[5] esto se explica fácilmente en la medida en que tal héroe debía encarnar precisamente los valores explícitos que regían el universo de la obra, mientras que en el caso de la novela, como acabamos de decir, esos valores son completamente implícitos y nunca tienen carácter manifiesto; cosa que a su vez se explica por la ligazón con la economía que hace también implícitos en su propio terreno todos los valores transindividuales, y por la ausencia de estructuras intermedias en la conciencia colectiva, simple consecuencia natural de ese fenómeno. Teniendo la economía tendencia a suprimir toda conciencia de valores supraindividuales y a hacer la acción de éstos implícita y mediatizada por el valor de cambio, no puede ya actuar sobre la creación literaria por medio de una conciencia colectiva que tiende precisamente a suprimir. Lo cual nos vuelve a conducir al punto de partida y nos permite cerrar el círculo recordando que la ausencia de estructura homóloga a la de cambio en la conciencia colectiva y también la ausencia de valores supraindividuales explícitos y manifiestos

5 Entendernos por héroe positivo un personaje que, en el universo de la obra, encarna conscientemente en su pensamiento y actos los valores que rigen ese universo. Tales son por ejemplo Don Rodrigo, Horacio, Andrómaca, Junie, etc.

en el universo novelesco, excluyen la presencia de un héroe positivo.[6]

Por tanto, la ausencia de héroe positivo es la expresión más elocuente del carácter a la vez realista y crítico de la novela clásica, y ello no en tal o cual caso particular, sino en tanto que género literario. Como no puedo desarrollar lo bastante esta idea en el marco de este estudio, me voy a limitar a constatar que permite comprender por qué, si en las sociedades precapitalistas la cultura, y en particular las obras literarias, podían estar vinculadas a un grupo opositor e incluso revolucionario y tomar así una actitud negativa en relación a la sociedad (caso por ejemplo de la tragedia en la Francia del siglo XVIII), sin embargo, nunca eran expresión de una oposición entre el individuo y el grupo social al que estaban vinculadas. Fue con la aparición y desarrollo del intercambio y del género literario correspondiente, la novela de héroe problemático, cuando apareció por primera vez una gran forma literaria que por su propia

6 En realidad, si nos referimos al conjunto de la historia literaria, el fenómeno es mucho más complejo. Hay también un género novelesco que corresponde a los valores explícitos de la conciencia burguesa pero que en conjunto permaneció al nivel de la subliteratura, siendo la única excepción importante algunas obras novelescas de la primera mitad del siglo XIX entre las que se encuentran las de Eugène Sue, Victor Hugo y, sobre todo, Balzac. Al respecto, en mi última obra (*Pour une sociologie du roman, op. cit.*) emití la hipótesis de que la obra de Balzac «pudiera constituir la única gran expresión literaria del universo estructurado por los valores conscientes de la burguesía: individualismo, sed de poder, dinero, erotismo, que triunfan sobre los antiguos valores feudales...» En esta perspectiva, observaba que de resultar exacta la hipótesis, podríamos vincularla al hecho de que la obra de Balzac se sitúa precisamente en una época en que el individualismo, en sí ahistórico, estructuraba la conciencia de esa burguesía que construía una nueva sociedad.
Sobre la naturaleza de la acción (que no pasa por el eslabón de la conciencia colectiva) de la estructura del intercambio sobre la estructura novelesca, formulé la hipótesis de acción conjunta de cuatro factores:

naturaleza es expresión de una oposición entre el individuo creador y el grupo social en que se elaboran las categorías que estructuran su obra.

Con todo, en la novela clásica esa ruptura, aun siendo esencial y profunda, no era aún total. Subsistía un valor fundamental reconocido y aceptado tanto por la vida económica como por el universo novelesco, el valor del individuo, y la oposición estribaba en la constatación realista del novelista de que esta sociedad que propugna la autonomía y el desarrollo del individuo los niega, sin embargo, en la práctica debido al proceso de reificación y al carácter convencional, engañoso e inhumano de las estructuras sociales.

Ahora bien, esa relación nueva y antagónica entre el universo de la obra literaria y el grupo social irá acentuándose en la historia de la literatura occidental y en

---

a) a partir del comportamiento económico y de la existencia del valor de cambio, nace en el pensamiento de los miembros de la sociedad burguesa la categoría de la mediación y la tendencia a pesar el acceso de todos los valores desde el ángulo de esa categoría;
b) la subsistencia en esa sociedad de cierto número de individuos problemáticos cuyo pensamiento y comportamiento permanecen dominados por valores cualitativos, aunque no puedan sustraerlos enteramente a la acción general de la mediación degradante; es el caso, en particular, de los creadores;
c) el desarrollo de un descontento afectivo no conceptualizado y de una aspiración afectiva al objetivo directo de los valores cualitativos bien en el conjunto de la sociedad bien, tal vez, sólo entre las capas medias donde se reclutan la mayor parte de los novelistas;
d) la existencia en esa sociedad de los valores del individualismo liberal vinculados a la propia existencia del mercado competitivo, que, sin ser transindividuales, tienen sin embargo un alcance universal; esos valores, engendrados por la sociedad burguesa, están en contradicción con las importantes limitaciones que pone esa sociedad a las posibilidades de desarrollo de los individuos.
Para un tratamiento más extenso del tema, cfr. mi obra: *Pour une sociologie du roman, op. cit.*, p. 31-35.

la misma medida de esa acentuación y de la importancia creciente del sector económico en la sociedad global, tendrá tendencia a superar el marco de la creación novelesca y extenderse a otros terrenos de la vida cultural, e incluso al conjunto de la misma.

El primer giro decisivo en ese proceso se sitúa en vísperas de la Primera Guerra Mundial.

En el plano económico, es la época del paso cualitativo, en el proceso de concentración de capitales, de la economía liberal a la de los cárteles, monopolios y trusts, con su corolario, la supresión del único valor universal de la economía liberal: la autonomía del individuo. En la historia de la creación novelesca, hay un giro homólogo caracterizado por la disolución del personaje y la tendencia a la desaparición del héroe.

Ahora bien, esa supresión conjunta de la importancia estructural del individuo en la economía y en la novela *elimina precisamente el único valor explícito común* y rompe el último vínculo consciente y manifiesto entre la creación novelesca y la sociedad.

Como mostré en otra parte, ese tránsito se realiza a través de varias formas de creación novelística que corresponden bien a la disolución del personaje, bien al intento de sustituirle por sujetos colectivos (familias, instituciones, grupo revolucionario, etc.). Esos intentos crearon sin duda obras importantes, pero no alcanzaron una gran duración, y por tanto la gran línea de la evolución va esencialmente de Joyce, pasando por Kafka, *El extranjero* de Camus, *La náusea* de Jean-Paul Sartre, hasta las novelas recientes de Beckett, Nathalie Sarraute y Alain Robbe-Grillet.

De otro lado, en esta ocasión la actitud crítica ante la sociedad y el conjunto de los grupos constitutivos de la misma no es ya específica de la novela.

Durante el primer período, el del capitalismo comercial del siglo XVII, y durante el período del capitalismo liberal en el siglo XIX, el desarrollo de la producción para el mercado había eliminado en el sector económico, en la conciencia de los individuos, los valores supraindividuales (trascendentes o históricos) y los había debilitado considerablemente en los demás sectores. Había sustituido esos valores en que se basaba toda creación cultural occidental anterior por el valor universal del individuo a partir del cual pudo desarrollarse la gran filosofía clásica en sus dos corrientes principales: el racionalismo y el empirismo, y su síntesis temporal en la Francia del siglo XVIII en la filosofía de la Ilustración. Sin embargo, mientras el pensamiento filosófico aceptaba decididamente la conciencia individual y su autonomía como punto de partida, la creación literaria continuó la antigua tradición cultural que buscaba en lo supraindividual el fundamento último de la persona. Por ello, al quedar reducido lo supraindividual al terreno de lo implícito, desembocó en la creación de la novela de héroe problemático, que expresaba la contradicción entre la personalidad creadora, y aun la personalidad a secas, y el carácter convencional y reificado de la sociedad individualista.

El tránsito de la economía liberal a la economía de los trusts y monopolios, con la correspondiente supresión de los fundamentos del individualismo, creaba una situación en que tanto la filosofía como la literatura no podían ya basarse ni en los valores transindividuales, reducidos hacía tiempo a lo implícito, ni en la autonomía y el desarrollo del individuo. No quedaba como fundamento para ambas más que la disolución de las estructuras individuales y globales, y, correlativamente, el límite, y sobre todo el límite por excelencia: la muerte. A partir de ello, la orientación temporalmente distinta de la filosofía y la literatura individualistas durante el período clásico dio paso a una evolución conjunta en la que, a las obras de Kafka, Sartre, Camus, corresponde una importante corriente filosófica, la existencialista, centrada también en la ausencia, el absurdo, la angustia y la muerte. En cuanto a la novela de héroe problemático, que desde el principio había sido la forma literaria de la *ausencia* de los valores supraindividuales y de la insuficiencia del universo individualista en el que la persona no podía basarse en la aceptación consciente de tales valores, continúa ahora en una forma mucho más radical, la de la ausencia y disolución totales y del sentimiento de angustia, que la emparentan con la filosofía existencialista. (Resulta extremadamente característico el caso de Sartre que es en esa época a la vez el filósofo y el escritor de tal perspectiva.)

El fin de la guerra de 1939-1945 marca un nuevo giro en la historia del capitalismo occidental, giro que los sociólogos, sea la que sea su orientación, han constatado designando a la sociedad contemporánea con toda una serie de términos específicos destinados a señalar esa transformación: sociedad de masas, sociedad de consumo, capitalismo de organización.

Hay cambios notables en comparación con el período del capitalismo de los trusts y los monopolios, y cambios que sin duda tienen importantes repercusiones culturales.

Ante todo, el período que va de 1910 a 1947-1948 estuvo marcado por unos equilibrios económicos extremadamente lábiles y constantemente amenazados. La sociedad capitalista sólo pudo mantenerse a través de considerables sacudidas nacionales e internacionales (dos guerras mundiales, la revolución rusa, el fracaso de varias revoluciones en Europa, el fascismo, el hitlerismo, la crisis de 1929-1933, la guerra de España).

Ese carácter lábil de un equilibrio constantemente destruido y constantemente restablecido a modo provisional (los marxistas llamaban a eso la crisis del capitalismo) se encontraba en la base del malestar y sentimiento de angustia que caracterizaban a las dos grandes creaciones culturales de la época, la filosofía existencialista y la novela de la disolución del personaje, pero que por supuesto podríamos encontrar también en muchos otros terrenos.

Actualmente, ese período está definitivamente liquidado y ha dado paso a un equilibrio dinámico y relativamente estable, y las superestructuras culturales del período anterior también están siendo superadas, aunque haya aún grandes manifestaciones literarias vinculadas a aquél. (Baste pensar en los escritos de Beckett y de Nathalie Sarraute; en realidad, todo sociólogo sabe que las creaciones culturales sobreviven más o menos tiempo a las realidades socioeconómicas en cuyo seno se desarrollaron.) En el plano filosófico, el existencialismo ha pasado también a la historia. La angustia ha desaparecido incluso de las últimas obras de Heidegger y la filosofía dominante de la época contemporánea parece vincularse a un racionalismo que insiste mucho menos en la autonomía del individuo que en la permanencia de las estructuras. El éxito de la lingüística estructuralista resulta de lo más sintomático: estamos ante un fenómeno cultural e ideológico que supera con mucho el incontestable interés científico y metodológico que presenta el desarrollo de esta ciencia.

De igual modo, en el plano literario, el Nouveau Roman, por lo menos en su primer período, empezó presentando un universo en que el hombre está completamente subordinado a las cosas y analizando la estructura y engranajes de ese universo con realismo y despiadadamente, pero con una ausencia casi total de angustia.

Junto a la desaparición de la angustia, el otro gran cambio del comportamiento y estructura psíquica de los hombres en las sociedades industriales contemporáneas es el hecho de que en esa sociedad en que la importancia y autonomía del individuo han desaparecido por completo en la vida económica, pero en la cual el equilibrio económico y social está reconstruido de forma relativamente sólida, la gran mayoría de los hombres vienen a ser esencialmente consumidores, sobre todo en el plano psíquico (y ese cambio ha sido constatado y estudiado por cierto número de análisis sociológicos notables, en particular los de David Riesman y Jürgen Habermas).

Se reduce progresivamente y disminuye hasta el extremo todo un sector de su vida intelectual y afectiva, que seguía ocupando un amplio espacio todavía en los períodos liberal e imperialista, sector constituido por preocupaciones ligadas a las actividades productivas, a la organización social y política de la sociedad global, a los problemas de interés general, y a partir de ahí a la comprensión de la vida cultural y la participación en ella.

Nace con ello un tipo de hombre de estructura psíquica esencialmente pasiva, ajena a toda decisión responsable, y orientada esencialmente hacia el consumo (que por supuesto incluye también el conjunto de las diversiones y el consumo cultural).

Ahora bien, resulta esencialmente distinto leer un libro o ver una obra de teatro para hallar en ellos una problemática, una torna de posición que uno acepta o rechaza, pero con la que se establece una relación de intercambio intelectual, o leer el mismo libro o asistir al mismo espectáculo en la perspectiva puramente consumista de la distracción y la diversión.

Lo que está desapareciendo es esa opinión pública que en los dos períodos anteriores estaba constituida de derecho por todos los ciudadanos y en realidad por una capa relativamente estrecha de gente más o menos cultivada, burgueses, miembros de las capas medias, sobre todo de las profesiones liberales e intelectuales, capa o, si se quiere, elite relativamente amplia, cuyo conjunto constituía para el escritor una especie de suelo nutritivo intermediario entre la sociedad global y la creación cultural.

Actualmente, el escritor se encuentra ante una sociedad que consume masivamente toda especie de bienes y, entre otros, si llega el caso, sus propios libros. Pero ese consumo como mucho puede garantizarle una renta más o menos elevada y permitirle llevar cierto tren de vida, y eso sólo en un número bastante reducido de casos privilegiados. Sin embargo, en la medida en que no constituye ninguna participación activa en la vida económica, social, política, e implícitamente, en la creación cultural, no puede aportar más que una ayuda cada vez más reducida a la formación de su conciencia y al desarrollo de su personalidad y su obra.

Ha sido en esas condiciones cuando la ruptura entre el creador y la sociedad ha desbordado los límites de la novela y ha nacido sobre todo un teatro de vanguardia cuyo contenido esencial era en primer lugar constatar la desaparición de toda comunicación entre los hombres incluso en el nivel inmediato de la comunicación. Es el primer teatro de Ionesco, hasta *El rinoceronte*, el primer teatro de Adamov, el de Beckett, y también dos obras de las más notables del teatro moderno, *El Balcón*, de Genet, y *El Matrimonio*, de Gombrowicz, que transportan a lo imaginario toda la experiencia histórica de los últimos cuarenta años, para acabar en un universo cerrado de pesadilla y de ausencia de comunicación.

Al mismo tiempo, en el plano de la creación novelesca, ha aparecido lo que se suele llamar Nouveau Roman, que describe un universo perfectamente estructurado, equilibrado y autónomo, en el que sin embargo lo humano deformado y encogido queda totalmente dominado y, en el límite, borrado por los objetos inertes, que ocupan ahora el primer plano y vienen a ser los auténticos elementos activos de ese universo.

Al analizar globalmente las novelas y los films de Robbe-Grillet pude mostrar hasta qué punto cada una de sus obras tiene como tema una de las leyes estructurales fundamentales o uno de los rasgos fundamentales de las sociedades industriales contemporáneas de Occidente y su contribución a la destrucción del hombre.[7]

Finalmente, en fecha reciente la problemática del Nouveau Roman ha penetrado en el cine y encontramos varias películas con idéntico carácter, en particular *El desprecio*, de Godard, *Muriel* de Resnais, *El año pasado en Marienbad* de Resnais y de Robbe-Grillet, *La inmortal* de Robbe-Grillet.[8] Añadamos que en la pintura el desarrollo a partir de principios de siglo de la pintura no figurativa, con la desaparición del hombre y de su universo familiar, son indudablemente fenómenos ligados a los que acabamos de describir, y que probablemente un estudio más profundo podría distinguir también ahí etapas análogas.

Todo ese conjunto de creaciones se sitúa a nuestro entender en el interior de un proceso de radicalización que empezó con la novela de héroe problemático, continuó con la filosofía existencialista y la novela de la disolución del personaje y de un mundo descompuesto y agonizante, para culminar con la reaparición de un

7 *Les Gommes* describe un proceso de autorregulación interna que conduce al asesinato diario de un ciudadano; *Le Voyeur*, la pasividad general de los hombres que permite la integración natural del asesinato en el universo de la novela; *La jalousie*, la reificación total de las realidades humanas y la asimilación de lo humano a los objetos; *L'année derniére Marienbad*, la inversión de la estructura del tiempo, el hecho de que el pasado está determinado por el porvenir, lo que corresponde a una transformación del plano económico en una sociedad en la que aparecen la planificación y la ausencia total de esperanza; *L'Immortelle*, el conflicto entre el mundo y lo imaginario, y la imposibilidad de conciliarlos.
Ver análisis más detallados en L. Goldmann, *Pour une sociologie du roman*, Gallimard, 1964; y el artículo de Anne Olivier y L. Goldmann en «France Observateur», 751, 24-9-64.

8 Cfr. Annie Goldmann: *Cinéma et société moderne*, Ed. Anthropos, 1971.

universo estable y equilibrado, pero rigurosamente ahumano.

En el plano estructural, esta vez la ruptura es radical. Ya no se sitúa sólo en el plano de los valores, sino en el del lenguaje.

No creo que nos hallemos esta vez ante el fenómeno corriente de un estilo nuevo, difícil de comprender al principio y que requiere cierto tiempo para hacerse accesible al lector; en la pintura abstracta, en los libros de Beckett, de Genet o de Gombrowicz, en las novelas de Robbe-Grillet o de Claude Ollier, la dificultad de comprensión es comparable más bien a la que experimentaron los hombres asimilado, y los hombres de hoy aceptan la verdad científica, pero no por ello deja de ser cierto que su conciencia está escindida en ese punto en dos sectores distintos, el de la vida cotidiana en que la tierra es inmóvil y el sol gira en el cielo, y el que saben verdadero. Es un poco la situación que se da en literatura con las obras de Ionesco, que los espectadores han asimilado ya más o menos y que comprenden en el momento de verlas en escena, pero sin pensar con frecuencia seriamente que el espectáculo pueda guardar relación ninguna con su vida de cada día. Y, sin embargo, todas las demás obras que acabo de citar no son todavía asimilables, a falta de un código que permita al lector o al espectador conocer su contenido intelectual. Si entre ellas hay obras que tienen cierto éxito, como *El Balcón*, o *Muriel*, ello se debe en primer lugar a razones puramente afectivas, sin que se dé ninguna comprensión intelectual de los contenidos. La ausencia total de responsabilidad del hombre en la sociedad tecnocrática moderna crea en efecto todavía en muchos individuos un malestar afectivo que constituye como un trasfondo de su existencia y en definitiva es una de las formas de integración en esa sociedad. Tal malestar no conceptualizado es lo que los lectores y espectadores creen hallar en los films de Resnais y en ciertos escritos cuyo contenido asimilan mal.

Llego así al problema de las perspectivas futuras. Me parece cierto que la sociedad occidental moderna, llámesela como se la llame, está creando una estructura social capaz de integrar a la mayor parte de sus miembros disolviendo los grupos intermedios activos que eran en la sociedad capitalista occidental de los períodos anteriores los elementos acostumbrados a ver el sol girando en torno a la tierra, cuando de repente se enteraron de que ocurría todo lo contrario. Aquel mensaje fue al fin y al cabo momento constitutivo de una conciencia colectiva creadora. Tenemos por un lado las familias compuestas por individuos cuyas funciones decisorias tienden a desaparecer, que se convierten cada vez más en simples ejecutores, y cuya actividad psíquica es completamente estructurada por lo mismo por el consumo. Tenemos de otro lado la sociedad global, y en particular el Estado. Y entre ambos se crea progresivamente un vacío que no deja subsistir más que a los grupos de presión destinados a actuar sobre el Estado para procurar a sus miembros un nivel de vida cada vez mejor. El peligro que presenta esta evolución para la creación cultural es evidente. De un lado hay sin duda una elevación del nivel de conocimientos, un consumo masivo de informaciones y de obras de imaginación (el libro de bolsillo tiende a asimilar incluso la literatura en los mass-media); de otro lado se da una creación literaria obra de individuos integrados sin duda en la vida práctica, y que frecuentemente llevan vida cómoda, pero cada vez más marginales y aislados en tanto que creadores en el seno de una sociedad que cada vez les ofrece menos suelo nutritivo capaz de fertilizar y favorecer su creación. Por supuesto, no estamos en condiciones de realizar pronósticos, sobre todo teniendo en cuenta que el porvenir de la creación cultural depende en primer lugar de la evolución económica y social de esas sociedades, y en ese terreno no todo está decidido. Sin embargo, para acabar este estudio, constatemos que la crisis de la literatura occidental contemporánea de vanguardia es grave, y que los escritores difícilmente llegan a sostenerse en el tablón cada vez más escueto que aún les deja la sociedad contemporánea y empiezan ya a orientarse hacia el romanticismo y la literatura de evasión.

La novela era un género clásico. Actualmente en Francia tenemos no sólo un novelista romántico y consagrado, bienpensante, como Montherlant, sino también una importante novelista de vanguardia, Marguerite Duras, cuya obra tiene un carácter totalmente romántico. A partir de *El rinoceronte*, Ionesco sustituye la crítica radical por un moralismo moralizador y casi didáctico, Sartre y Robbe-Grillet terminan su última obra de ficción con un suicidio. En *La inmortal*, Robbe-Grillet plantea el problema de la opción entre el mundo y lo imaginario, la evasión y el romanticismo. Esto nos indica hasta qué punto ha llegado a una crisis decisiva esa gran tradición de la literatura realista y clásica desarrollada primero sobre el trasfondo del humanismo antiguo, luego sobre el cristiano, sobre el burgués y laico más tarde.

Esa crisis había sido prevista por los grandes pensadores del socialismo, que esperaban poder oponer a ella una cultura humanista vinculada al desarrollo del proletariado revolucionario; en este último punto la evolución de las sociedades occidentales les ha infligido un cruel mentís: el proletariado ha acabado por integrarse más o menos en las sociedades capitalistas que, tras un largo período de crisis, han conseguido hallar un equilibrio relativamente estable y cuyo auge económico alcanza hoy un ritmo y un nivel excepcionales. En el plano social, sin embargo, las sociedades tecnocráticas que están constituyéndose como corolario de esa evolución, compuestas por una estrecha franja de dirigentes que toma casi todas las decisiones de cierta importancia y una masa de ejecutores administrados a los que se llega a asegurar una mejora constante del nivel de vida y un consumo crecientes, pero que participan cada vez menos activamente en la vida social, política y cultural. Y con ello, tal como habían previsto Marx y los teóricos marxistas posteriores, esas sociedades constituyen una amenaza considerable y tal vez mortal para el humanismo y para la creación.

V. PENSAMIENTO DIALÉCTICO Y SUJETO TRANSINDIVIDUAL

Hace diez años, probablemente habría pedido excusas por verme obligado a emplear algunas palabras que pueden parecer barbarismos, como sujeto transindividual, estructura o función. En cambio, hoy debería pedir excusas por ser sencillo y emplear sólo algunas palabras que se han hecho comunes, evitando toda una terminología que al cabo me parece con frecuencia superflua —sin que tenga nada contra los neologismos cuando resultan necesarios para clarificar el pensamiento—.

Es claro que toda exposición filosófica empieza por un punto de partida que no puede ser demostrado; si estuviese demostrado, no sería un punto de partida. Con todo, hay que justificarlo, pero eso sólo es posible al fin. Podernos partir del *cogito* o de la sensación. Como intento pensar en una perspectiva de dialéctica, y también de investigación positiva, voy a tomar un punto de partida distinto que espero quede justificado en el curso de la exposición: la afirmación de que si queremos hacer investigación positiva hay que rechazar categóricamente toda dualidad radical como contraria a la realidad positiva, a los datos empíricos, a la explicación positiva de los hechos. Esa dualidad radical caracteriza, como trataré de mostrar con algunas citas, a gran parte del pensamiento contemporáneo; frente a ello, pienso que toda dualidad radical es ideológica, y que la única forma de captar los hechos, de comprender la realidad social, consiste precisamente en ver la justificación parcial, relativa y operativa de esa dualidad, y el peligro que representa la idea de hacerla total, radical y absoluta.

Pues bien, las primeras dualidades que voy a cuestionar son las de filosofía y ciencia y teoría y *praxis*. Desde hace mucho existe toda una posición filosófica para la que la filosofía es simplemente el intento de pensar de una forma racional y cerrada el conjunto del universo, o por lo menos crear a partir del sujeto, por vía especulativa, una visión global, cerrada y coherente. A ello se contrapone una concepción positivista de la ciencia, según la cual una ciencia se hace positiva en el momento mismo en que se libera de la filosofía, en que no consiste más que en registrar empíricamente, con la mayor exactitud posible, hechos y correlaciones; y a partir de eso se desarrolla toda una posición que pretende ser la ciencia y poderse liberar por entero de la reflexión filosófica.

No considero aceptable esa dualidad, ante todo desde el punto de vista de la ciencia, de las exigencias científicas, por la simple razón de que esa concepción de la ciencia pretende ser registro indicativo de los hechos, reproducción de una realidad objetiva; pero implícitamente llega a olvidar lo que registra. Ahora bien, es evidente que registramos; aunque subjetiva y lógicamente podamos ir por reducción hasta el *cogito*, es evidente que captamos los hechos con un aparato conceptual que no es abstracto, que no hemos creado nosotros mismos.

Nuestra misma posición —como cualquier otra— viene dada en el interior de una civilización, aceptada por un hombre que se encuentra en el mundo y se las ve con un conjunto de estructuras mentales, categorías, valores, juicios y criterios que no ha creado él, que le son dados en el interior del mundo que quiere comprender. En el límite, esta constatación sería válida incluso para las ciencias naturales, pero éstas han alcanzado actualmente un estatuto tal que podemos decir que la perspectiva en la que se hacen es válida para *todos* los hombres de las civilizaciones industriales avanzadas y virtualmente para todos los que puedan o quieran acceder a ese nivel. En cuanto pasamos a las ciencias humanas, la situación cambia, pues las perspectivas particulares —pienso dar algunos ejemplos—, las valoraciones, las estructuras específicas predominan totalmente.

No quiero llegar en modo alguno a un relativismo, ya que pienso que hay criterios precisos que pueden permitirnos ser lo más científicos posible, a condición de conocer las dificultades y ver con precisión dónde nos situamos; pero en cualquier caso la estructuración del sujeto, la estructuración específica de las categorías mentales del sujeto, con las que al investigar percibe y organiza la realidad, es por supuesto uno de los elementos más importantes de la validez de su labor. Hacer ciencias humanas sin reflexionar sobre las condiciones del investigador, las perspectivas en las que trabaja, la problemática misma de esas ciencias, es arriesgarse a caer en el positivismo y tomar por la verdad lo que no es sino un aspecto parcial de *una* verdad, es hacer un trabajo que no puede tener valor científico más que en la medida en que se sea consciente de esa situación, en que se pueda plantear el problema de su limitación y superación. El objeto del estudio —para las ciencias humanas, la sociedad se halla en el interior del sujeto, sea el que sea, aunque provisionalmente nos limitemos a la idea del sujeto particular, del sujeto individual; es evidente que el escritor que escribe hoy una historia de la Revolución Francesa lo hace con unos valores que en parte fueron creados por la Revolución Francesa, y sería imposible imaginar que hace simplemente ciencia objetiva, sin tener en cuenta su posición respecto de esa Revolución, por el hecho de que el objeto de su estudio se encuentra dentro de él mismo. De otro lado, si se trata de un pensador importante —a continuación veremos el problema si se trata de un grupo social, como yo pienso—, en la medida en que forma parte del objeto de estudio, no se sitúa en el exterior; la transformación, la toma de conciencia —la suya y la de todos los que le leen— de una cierta actitud, de cierto conjunto de afirmaciones que se presentan como verdades —hasta el punto de que algunos hombres o grupos humanos están convencidos de que son verdaderas— implica un cambio del objeto: sujeto y objeto no son radicalmente separables. Es posible y necesario introducir un máximo de espíritu crítico, pero eso significa que es imposible hacer ciencias humanas como si nos situásemos en el punto de vista de la divinidad, del absoluto. Todo discurso sobre lo absoluto se hace a partir de una posición interior al mundo, a partir de una posición relativa, y no puede tener más pretensiones de presentarse como la verdad que cualquier otra afirmación sobre la realidad social, sobre la realidad empírica. Si queremos hacer ciencia positiva en materia de ciencias humanas, estamos obligados a ser filosóficos, es decir, a reflexionar sobre el estatuto del conocimiento, sobre el estatuto del sujeto que conoce y sobre su lugar en la elaboración de las verdades.

Se nos ofrece idéntica situación en lo relativo a la relación entre teoría y práctica. En la medida en que la ciencia es un conocimiento del mundo, que no sólo permite transformarlo, sino que, en el terreno de las ciencias humanas, con su solo desarrollo transforma ya la sociedad —pues la sociedad ya no es la misma si cambia el pensamiento colectivo—, no se trata de afirmar una separación radical entre teoría y *praxis*. Formando parte de la sociedad en el instante en que pensamos, formando parte de la sociedad con todas nuestras aspiraciones, con toda nuestra problemática, es evidente que todo desarrollo de una afirmación teórica tiene un carácter práctico, transforma en un sentido u otro, en grado menor o más desarrollado la realidad social, y resulta cuestionable que la afirmación de la ruptura entre teoría y *praxis*, o incluso de la objetividad de la teoría, y de que la *praxis* no es más que su aplicación.

Voy a intentar plantear en esa perspectiva el problema del sujeto. Actualmente, la gran moda de las ciencias humanas contemporáneas, afirmada por cualquier escuela importante, es proclamar que el sujeto es un prejuicio del siglo anterior o de las escuelas anteriores, y que la ciencia actual tiene que prescindir del sujeto. Se afirma también que, desde Descartes hasta Sartre, pasando por Husserl, el sujeto era concebido siempre como sujeto individual. Antes, por tanto, de plantear el problema del concepto de sujeto en la investigación científica, y de las condiciones en que ese concepto es indispensable para la comprensión, querría ante todo fijar lo más posible en pocas palabras cuál es su estatuto.

Ni que decir tiene que el sujeto no es un dato más objetivo que los hechos. Los hechos son construidos; construidos en primer lugar en el interior del pensamiento corriente, y en el interior ya de la percepción —todo el mundo conoce las investigaciones de los psicólogos, particularmente de Piaget—, pero fuera incluso de las percepción inmediata, hasta las teorías más elaboradas, los hechos son construcciones, que no son arbitrarias, que tienen su razón de ser y se basan en la posibilidad de orientarse, de ayudar a comprender el mundo y transformarlo; no son simples datos exteriores al pensador. Por supuesto, el concepto de sujeto tiene el mismo estatuto que todos los demás conceptos científicos: es una construcción, pero una construcción con fundamento. Entonces, en la medida en que ese concepto es una construcción, tenemos que preguntarnos en qué consiste y qué función tiene, cuál es su necesidad, su utilidad, su papel en la búsqueda de hechos, en el estudio de los hechos empíricos.

Entonces yo querría proponer una primera tesis: que el sujeto tiene la función de hacer inteligibles, comprensibles, los hechos que nos proponemos estudiar; se trata de saber cuál es la naturaleza de éstos, de qué forma podemos comprenderlos en sus relaciones recíprocas, en los caracteres empíricos que ofrecen a la observación, y también en su génesis, en su devenir: cómo aparecieron un día esos hechos, que no han existido siempre, cómo se transformaron y desaparecieron luego o bien, si se trata de la sociedad actual, están aún transformándose.

Ahora bien, lo que caracteriza las dos posiciones sobre el sujeto: el sujeto concebido como individual, consciente y privilegiado —por lo menos en la conciencia, si no reductible a la conciencia—, y la negación del sujeto por el estructuralismo contemporáneo, es que son dos limitaciones correlativas y complementarias. La posición que parte del sujeto individual no conseguirá dar cuenta de la relación entre los fenómenos, de su carácter —precisamente— estructurado, de conjunto, y, por el contrario, la negación del sujeto no consigue dar cuenta del devenir de la estructura ni de su génesis. En la perspectiva de ambas limitaciones es como querría yo ante todo decir algunas palabras sobre esa escuela que se está desarrollando ahora y está ocupando un lugar extremadamente importante en las investigaciones de las ciencias humanas contemporáneas: la escuela estructuralista.

Cuando las ciencias y la filosofía se encontraban dominadas por la idea del sujeto individual, digamos por el pensamiento existencialista de Sartre —que incluso en los textos en que más pueda acercarse al marxismo mantiene su punto de partida fundamental: el sujeto orgánico, el individuo que percibe—, la perspectiva dialéctica tuvo que defender constantemente, durante mucho tiempo, la existencia de estructuras que no son sólo exteriores al sujeto y constituyen las limitaciones de la opción posible, sino estructuras que son interiores al sujeto y hacen que éste no pueda pensar más que de cierto modo, que ciertas formas de pensamiento no le sean accesibles y no puedan ser desarrolladas. De forma inversa, desde que se desarrolló el estructuralismo de tipo lingüístico, nuestra tarea es precisamente mostrar hasta qué punto los hechos son incomprensibles fuera del concepto de sujeto que esa escuela intenta eliminar a toda costa.

Lo que caracteriza inmediatamente a la mayor parte de los sistemas estructuralistas contemporáneos es la eliminación del concepto al que está esencialmente ligada la idea de sujeto: el concepto de funcionalidad. Voy a tomar un solo ejemplo: el pasaje en que Lévi-Strauss (pero la misma idea la encontramos en los textos de Althusser) habla de Marx es un malentendido radical; se refiere a un texto célebre de Marx en el prefacio a la *Contribución a la crítica de la economía política*, y piensa que su propia posición es próxima al marxismo:

> Yo no postulo una especie de armonía preestablecida entre los diversos niveles de estructura. Estos pueden perfectamente estar en contradicción entre sí —y con frecuencia lo están—, pero las modalidades según las que se contradicen pertenecen todas ellas a un mismo grupo. De otro lado, es lo mismo que nos enseña el materialismo histórico al afirmar que siempre es posible pasar, por transformación, de la estructura económica o la de las relaciones sociales, a la estructura del derecho, del arte o de la religión. Pero Marx nunca pretendió que esas transformaciones fuesen de un solo tipo, por ejemplo, que la ideología sólo pueda reflejar las relaciones sociales, como un espejo. Piensa que esas transformaciones son dialécticas, y, en ciertos casos, se toma mucho trabajo para encontrar la transformación indispensable (...). En la misma línea del pensamiento de Marx, si se quiere admitir que las infraestructuras

> y las superestrucutras comportan niveles múltiples, y que hay distintos tipos de transformaciones (...).[1]

Ahora bien, si tomamos el texto correspondiente de Marx, resulta que es muy preciso: no habla de transformación o inversión entre la infraestructura y la superestructura, como pretende la interpretación de Lévi-Strauss, sino de *funcionalidad*:[2]

> En un cierto estadio de su desarrollo, las fuerzas productivas materiales de la sociedad entran en contradicción con las relaciones de producción existentes, o, lo que no es sino expresión jurídica de ello, con las relaciones de propiedad en el seno de las que hasta entonces se habían movido. Esas relaciones se transforman de formas de desarrollo de las fuerzas productivas que habían sido en trabas del mismo.

Lo esencial de la relación entre las relaciones de producción y los medios de producción no es que sean homólogos, que sean inversos, que se pueda obtener mediante ciertas reglas de transformación el paso de unas a otros; es una relación muy precisa, la de favorecer, de ser un elemento de desarrollo del comportamiento de los hombres, o al revés, una traba. La gran diferencia entre el estructuralismo contemporáneo y las posiciones dialécticas consiste precisamente en que el estructuralismo rechaza todo concepto de funcionalidad.

Con una imagen sobre la que hay que hacer algunas reservas —pues de momento parte de un ejemplo

1 Cl. Lévi-Straus, *Anthropologie structurale*, París, Plon, páginas 365-366.
2 K. Marx, *Contribución a la crítica de la economía política*, en *Introducción general a la crítica de la economía política*, Castellote editor, Madrid, 1976, p. 64.

individual— lo que nos dice Marx es más o menos esto: si tuviese, por ejemplo, que golpear esta mesa con un martillo, por razones de productividad o de comportamiento, y me encontrase en una situación en que estuviese tendido en tierra, pues tendría tendencia a levantarme, porque la posición erecta es más funcional y favorece más el golpear la mesa que la posición yaciente. Si los hombres tienen que producir con el molino de viento o con la industria moderna, hay relaciones de producción que son más funcionales, permiten mejor que otras cumplir esa tarea. Entre las relaciones y las funcionalidades en el interior de las estructuras hay por supuesto homologías —y siempre trabajamos con esas relaciones de homología, no se trata de eliminarlas—, pero lo que caracteriza la llamada interpretación marxista del estructuralismo moderno es que sustituye la funcionalidad (Althusser habla incluso de combinatoria al traducir ese texto) por relaciones de homología, de inversión o de transformación. Es decir, se elimina el sujeto con su función precisa, que es dar cuenta de la funcionalidad y de la inteligibilidad. En el fondo, el concepto de funcionalidad es hoy a mi entender, en las ciencias humanas, la forma más exacta y más precisa, que corresponde a lo que de forma mucho más aproximativa se llamaba antes el sentido. Toda una filosofía de la conciencia veía el sentido sólo en el objetivo, en la comprensión, en la inteligibilidad. Por tomar un ejemplo banal, cuando el gato atrapa a un ratón, su comportamiento es *funcional*, y podemos traducirlo en términos de problema y de solución: hay un desequilibrio, y ese desequilibrio tiene que resolverse; eso no supone la conciencia.

Cuando los hombres actúan hay siempre conciencia, pero no hay razón para admitir, no es siquiera probable, que esa conciencia sea siempre perfectamente adecuada: es uno de los elementos del comportamiento. Con mucha frecuencia puede ser adecuada, como puede no serlo o serlo más o menos. Lo que importa es que el comportamiento de los hombres es un comportamiento funcional, y como tal significativo, exactamente igual que el comportamiento del gato que captura un ratón.

Lévi-Strauss afirma que decir que una sociedad funcional es un truismo, decir que todo funciona es absurdo (o algo parecido). Ahora bien, el problema no es decir que toda sociedad funciona —cosa que efectivamente sería un truismo—, el problema es saber *cómo* funciona; es extremadamente importante, y es ése el estudio exacto en ciencias humanas. Pero hay más: en la base de todo el pensamiento dialéctico —y en este caso concreto esto significa lo mismo el pensamiento de Marx que el de Freud (pronto intentaré establecer las diferencias entre ambos)— se encuentra la idea de que todo es funcional. Cierto que existe una escuela sociológica que se llama, con muy poca exactitud, estructuralismo funcionalista —me refiero a Parsons y todo su grupo—, y que trabaja con el concepto de disfuncional. También hay realidades disfuncionales, pero sólo lo son en relación a una sociedad dada; no todo es funcional para la sociedad existente, y si nos preguntarnos por qué aparecen elementos disfuncionales en esa sociedad, o en una biografía —situándonos en el plano psicoanalítico—, no hay otra respuesta más que la que nos da Marx en ese prefacio a la *Contribución a la crítica de la economía política* —y no he encontrado otra explicación científica—, a saber, porque los hombres tienen razones significativas (razones no quiere decir elementos conscientes) para comportarse de forma disfuncional en relación a esta sociedad. Ahora bien, eso significa que está naciendo una nueva función. Todo fenómeno es disfuncional o funcional en relación a lo existente, pero cuando es disfuncional en relación a lo existente, viene a ser funcional en relación a una sociedad en devenir, a algo que está transformándose, que tal vez no llegue a ser jamás, debido a resistencias, pero que tiene un significado para el comportamiento de los hombres. Hay que hallar ese significado: la dualidad entre disfuncionalidad y funcionalidad es aún una de las más problemáticas de la investigación científica. Tenemos que trabajar en relación a tal sociedad, pero saber exactamente qué es disfuncional en relación al presente: por ejemplo, lo que era disfuncional en relación a la sociedad feudal, el desarrollo del tercer estado y de la burguesía, se encontraba en el origen de una nueva funcionalidad para una sociedad que estaba naciendo.

Intentar crear una ciencia humana positiva no equivale a decir, en general, a un nivel especulativo, que todo es funcional —lo que constituye un truismo— sino plantear el problema cada vez que nos encontramos ante un fenómeno concreto: qué estructura tiene y qué funcionalidad tiene esa estructura. Si el estructuralismo contemporáneo en conjunto no conoce más que estructuras parciales y, ocasionalmente, el orden de órdenes y la estructura de estructuras que rigen los acontecimientos más lejanos y permiten clasificaciones, es porque elimina el concepto de funcionalidad, el concepto de sujeto, el concepto de transformación, la idea de historia. No quiero analizar aquí las razones ideológicas que se encuentran en la base de esa supresión; lo que me importa es simplemente constatarla y ver que tiene implícitamente un carácter no científico, pues, al preguntar, obliga a dejar a un lado toda una gran parte de la realidad —cosa que por lo demás sucede—. Cuando los estructuralistas critican el marxismo o el pensamiento dialéctico, dicen que para los marxistas «hegelianos, o lukacsianos, o kantianos» —como les llaman— todo es rigurosamente coherente, que hay una sola totalidad eternamente funcional, en la que ellos, los estructuralistas, están delimitando, mostrando constantemente las estructuras parciales, los diferentes terrenos, lenguas, parentescos, etcétera. Pero es esa una dualidad tan falsa como todas las demás que he señalado. Lo que importa es que cada una de esas estructuras se encuentra vinculada a un sujeto, y que los sujetos no son siempre esencialmente distintos. No hay ni una sola totalidad, ni un solo significado de la sociedad global, ni, al revés, terrenos estructurales separados que permitan dejar muchos elementos de la realidad fuera, sino que hay comportamientos de los hombres, comportamientos de los sujetos que crean estructuras y las crean a partir de las necesidades humanas, de las necesidades funcionales, y es a partir de ahí como vemos lo que puede vincularse conjuntamente, lo que se opone, cuáles son las cooperaciones, las oposiciones y las leyes del desarrollo.

En esa perspectiva, querría ahora plantear el problema del sujeto colectivo. Lo voy a plantear de nuevo a un nivel en extremo simple y banal.

Como acabo de decir, el sujeto es lo que nos permite comprender las conductas y, a partir de esas conductas, las realidades, los acontecimientos. Cojamos un ejemplo muy sencillo: Pedro y yo estamos levantando este sillón, notablemente pesado, y reflexionamos un poco para saber quién ha levantado el sillón. Todo sistema que parte del *cogito* y del sujeto individual —es decir, una gran parte de la filosofía occidental— no puede responder en positivo a esa pregunta; porque somos Pedro y yo los que hemos levantado esa mesa, y la idea de que soy yo quien ha levantado ese sillón y de que el sillón y Pedro son objeto de mi conciencia descansa sobre una ilusión si admitimos por un solo instante la relación entre la *praxis* y la conciencia. No se trata de hipostasiar al sujeto colectivo, de situarlo en algún lugar externo a las conciencias individuales, se trata de saber que mi conciencia del mundo no puede ser significativa más que si tengo en cuenta el hecho de que junto a mí la conciencia de Pedro, con la mía, forman un conjunto que permite un comportamiento que conduce a levantar el sillón. El sujeto completo de la acción, e implícitamente la estructura de conciencia, no pueden ser comprendidos más que partiendo del hecho de que los hombres actúan conjuntamente, que hay una división del trabajo.

Eso nos conduce a la problemática del sujeto individual y el sujeto colectivo, y de su función en el interior de los acontecimientos. Es evidente, y la psicología moderna lo ha puesto de manifiesto, que hay fenómenos de sujeto individual; es todo lo que Freud señaló como perteneciente al orden de la *libido*. Señalo de paso que en Lévi-Strauss encontramos una terminología que me parece susceptible de confusión: llama inconsciente lo mismo a los fenómenos freudianos, pues mencionó a Freud, que a las estructuras mentales, las estructuras permanentes del pensamiento, las estructuras tal vez temporales que existen durante un tiempo más o menos largo. Por mi parte, prefiero la palabra noconsciente, pues hay una diferencia radical entre un complejo rechazado que necesita todo un tratamiento psicoanalítico o superar toda una censura para volver a la conciencia, y, pongamos por caso, las leyes de la lógica de que alguien no es consciente si no ha aprendido lógica: hay fenómenos no conscientes que rigen una parte de los comportamientos —hablaremos de ellos— y que no coinciden con el inconsciente freudiano. Pero en definitiva, dicho esto, hay fenómenos de sujeto individual que, como nos mostró Freud, dan cuenta de todo un conjunto de conductas; tienen precisamente ese carácter de poder ser comprendidos en su funcionalidad y en su sentido en relación a un individuo; piénsese en las explicaciones de los sueños, de los lapsus, del delirio, etcétera. Pero lo que querría precisar —y trataré de pasar a un ejemplo concreto— es que todos esos fenómenos que existen en cada conducta y dan cuenta de su sector individual y por así decir libidinal —por emplear un término freudiano— no pueden dar cuenta del sector ligado a la división del trabajo social y, a partir de ahí, a la historia. Y la debilidad fundamental del sistema de Freud —no hablo de todo el psicoanálisis moderno que trata de eliminar la idea central de Freud, a saber, que todo fenómeno es significativo en relación a un sujeto—, es que intenta dar cuenta también de los fenómenos históricos a partir del sujeto individual. No quiero hablar de todos los ensayos de análisis social en estética, pero querría ofrecer un ejemplo tomado de un terreno que, incluso hoy y para la gente más crítica, puede parecer ligado al problema libidinal: el de la creación estética.

Durante los últimos años hemos trabajado, entre otros temas, sobre el teatro y los escritos de Genet. Todos sabemos que, en sus novelas, en una de sus obras teatrales, *Alta vigilancia*, y también en el ejército de *Las mamparas*, aparece la homosexualidad. Lo mismo que en muchos otros casos se ha relacionado fácilmente ese hecho, que parece vinculado a la *libido*, con ciertas posibles tendencias del escritor. Ahora bien, eso no permite comprender de ningún modo las obras de Genet, y voy a tratar de mostrar a continuación por qué. Resulta que a partir de *Las criadas*, y hasta *Las mamparas*, son los amores heterosexuales los que ocupan el centro de las obras teatrales: las criadas y el lechero, el Señor y la Señora, Virtud y Pueblo, Chantal y Roger, Saïd y su mujer son maravillosas realizaciones de amores heterosexuales, en los que la homosexualidad no juega prácticamente ningún papel. Entonces, ¿cómo relacionar esto con el inconsciente, la libido, las tendencias profundas del escritor? Si renunciamos a todo intento de ese tipo, si analizamos la estructura de la obra y su función en relación al grupo social y al sujeto colectivo, tendremos una respuesta que me parece mucho más próxima a una comprensión empírica de los hechos. En efecto, resulta que los primeros escritos de Genet, las novelas y *Alta vigilancia*, están escritos en la perspectiva de un sujeto colectivo muy determinado: los outsiders, los pequeños ladrones, las prostitutas y todo el mundo marginal en relación a la sociedad; expresan la visión, la perspectiva de ese grupo social. Ahora bien, el primer criterio de esa perspectiva es el no-conformismo. El no-conformismo, en efecto, es estar fuera de lo admitido en la sociedad. Pero ese grupo no elabora valores propios; si analizamos esos escritos, encontramos valores que son admitidos en la sociedad: amistad, amor, valor, riesgo. Con esos elementos sería imposible hacer una novela no conformista, y desaparecería de esos textos todo lo que constituye el valor estético de los escritos de Genet. Por ello todos los valores que constituyen las novelas de Genet tienen un carácter doble, una dimensión oblicua: amor, pero amor homosexual, valor, pero valor en el crimen, y es eso lo que los hace no conformistas. Pero cuando a continuación, y a partir de acontecimientos de todos conocidos, Genet se aproxima a la izquierda francesa, a Sartre, a *Temps modernes*, cuando empieza a escribir las obras teatrales de personajes colectivos, las obras del conflicto entre opresores y oprimidos, dominados y dominadores, entre las criadas y el Señor y la Señora, entre negros y blancos, entre los personajillos y los poderosos, sus textos son ya críticas por la propia afirmación de ese conflicto: ya no hay necesidad de ninguna dimensión oblicua, y la estructuración, la exigencia estética de significación y de funcionalidad rigurosa conduce a la desaparición de esa dimensión. ¿Por qué reaparece en el ejército de *Las mamparas*? Por un motivo igualmente estético, referente a los sujetos colectivos y no a los problemas de biografía individual. Ocurre que en el universo de Genet —que expresa la perspectiva de la izquierda francesa mucho mejor y de manera mucho más coherente que muchos de sus representantes al nivel conceptual— una de las ideas esenciales es que los pequeños personajes representan los valores humanos frente a unos poderosos que aparecen caricaturescos y como simples monigotes, pero esos pequeños son débiles y no consiguen expresar su valor más que en el plano espiritual, en el ritual celebrado por las criadas, los personajillos, los negros. Pero al escribir *Las mamparas*, la obra de la victoria de los dominados, el ejército vencido juega también a su vez el ritual del combate: por el hecho mismo de haber perdido la partida, había el peligro de que resultase valorizado. Y para Genet es importante que su obra sea no conformista, que no se adapte a ninguna institución exterior; por ello en esa parte de la obra reaparecen todas las dimensiones oblicuas —y no sólo la homosexualidad—.

El problema, pues, es crear una estructura funcional en el interior de la dimensión histórica y para hacerlo, naturalmente, el escritor utiliza lo que conoce, sea por experiencia personal, sea por libros, o por lo que le hayan enseñado. Pero el vínculo que se establece inmediatamente con el sujeto individual sólo es válido si uno permanece alejado de los hechos. En realidad, toda obra literaria —como el hecho de levantar esta mesa— está escrita en la perspectiva histórica en que los hombres colaboran, dentro de la división del trabajo, por crear lo mismo el mundo exterior que todo lo que tiene una dimensión histórica, es decir, implícitamente, toda la cultura. Por ello una gran obra, que no puede ser comprendida más que en relación con un sujeto colectivo dado —lo cual corresponde al orden de la explicación—, puede ser presentada, una vez acabada la investigación, como dotada de un sentido propio. *Fedra*, *Hamlet* o una obra de Genet tienen un significado propio que sólo puedo establecer estudiándolas desde dentro de las estructuras sociales en que han nacido y que me explican cómo aparecieron. El sentido propio de una obra teatral, como el de todo fenómeno cultural, se sitúa a dos niveles: en relación al sujeto individual, hay un sentido libidinal, pero no es ni estético ni histórico; desde el punto de vista del sujeto individual los escritos de Racine, o los de cualquier otro individuo, tienen el mismo significado, explican ciertos problemas y son coherentes en relación al individuo. Sólo en relación al sujeto colectivo, al grupo, al sujeto transindividual, puedo hacer la distinción entre lo que corresponde a ese sujeto y le es funcional y lo que no lo es. Ahora bien, lo que me importa es que en esa perspectiva puedo dar cuenta, por primera vez tratándose de cultura, de un conjunto de hechos y datos empíricos lo bastante grande como para que sean imposibles dos explicaciones que tengan el mismo valor de operatividad científica.

Voy a tomar de nuevo dos series de ejemplos a los niveles sociológico y literario, a propósito de los cuales diré de entrada que todos los intentos de estudiar hechos literarios, hechos culturales o hechos sociales con métodos estructuralistas que eliminen la funcionalidad son susceptibles de las mismas críticas paralelas y complementarias que he indicado ya. Por lo demás creo que en esto soy mucho más fiel a Saussure que ningún estructuralista lingüístico. Saussure sabía, y nos dijo, que no se pueden aplicar las leyes del lenguaje a la palabra; el estructuralismo lingüístico vale para la lengua, pero no para la palabra. ¿Por qué? Porque la funcionalidad de la lengua es universalmente humana, es la de la comunicación, en tanto que la funcionalidad de la palabra siempre está referida a un sujeto particular, tiene un sentido. La lengua francesa no es ni optimista ni pesimista, pues debe permitir comunicar el pesimismo o el optimismo, tiene que comunicar el entusiasmo o cualquier comunicación concreta, en tanto que la palabra siempre tiene un sentido particular. Los fenómenos literarios, culturales o sociales, el Club de los jacobinos, el movimiento de los estudiantes en mayo-junio de 1968 o cualquier otro hecho histórico, el comportamiento de los bolcheviques durante la Revolución Rusa, o el comportamiento de tal o cual grupo durante tal o cual guerra ¿son hechos de lengua o hechos de palabra, en el sentido en que palabra viene a ser de forma muy precisa significación o funcionalidad en relación al sujeto particular? Precisamente en nombre de la lingüística tal como la formuló Saussure, que me parece válida, hay que decir que ese estructuralismo que sólo puede estudiar los medios no es capaz de estudiar la palabra, pues la palabra por supuesto utiliza medios, en este caso el lenguaje, pero sólo utiliza un sector de ellos, un conjunto de elementos, para realizar una funcionalidad, un sentido. Y si eliminamos esa funcionalidad, ese sentido, no hay ninguna posibilidad de darnos cuenta de por qué se han utilizado esos medios precisos, y no otros. ¿Cómo podemos saber si esos medios son pertinentes o superfetatorios, sólo haciendo inventario de ellos? En cambio, si trabajamos a partir del sujeto colectivo llegamos fácilmente a dar cuenta del conjunto, de la casi integralidad de los hechos si se trata de un texto, de una parte, incomparablemente mayor de hechos si se trata de la realidad social, con la condición de que tengamos en cuenta los comportamientos y no sólo la conciencia.

Y vamos a por el primer ejemplo, empezando por el nivel sociológico. Naturalmente, no podemos situarlo al simple nivel de la palabra y de la intención de la gente. Si queremos comprender los fenómenos, hay que comprender el comportamiento, las palabras, y al mismo tiempo su funcionamiento en el interior de una estructura en relación al sujeto colectivo. Tomemos un ejemplo bastante importante de uno de nuestros sociólogos más famosos: la actitud del capitalismo francés. Averiguamos que no tiene una actitud muy precisa:

> En los últimos diez años me he encontrado con algunos representantes de esa "raza maldita", y nunca he hallado en ellos ninguna opinión decidida y unánime sobre la política a seguir en Indochina, en Marruecos o en Argelia. Estoy dispuesto a admitir que el que tenía intereses en un punto determinado del globo era sensible a determinados argumentos. Pero ni siquiera esa banalidad resulta totalmente cierta: en lo referente a Marruecos, los grandes capitalistas franceses se dividían

> en dos grupos, uno de los cuales pensaba (...), mientras el otro temía (...).[3]

Juzgar el comportamiento de un grupo social simplemente preguntando a individuos: «¿Qué piensa usted?» olvidar que lo que la gente dice no se corresponde simplemente con lo que hacen, confundir la conciencia con la funcionalidad global, es un método empirista que nunca permitirá comprender la realidad de los fenómenos. Podemos estar seguros de que, si preguntamos a la gente lo que piensan de un grupo adverso, tendremos las respuestas más dispares. Hay que integrar la conciencia en el comportamiento, buscar su significado y su funcionalidad, y la funcionalidad de ambos. Otra tesis del mismo sociólogo nos habla de la eliminación de Trotsky por Stalin. Nos informa de que este último era secretario general del Partido, que tenía una táctica superior, etc.

> Tal vez no sea necesario invocar la ley de la historia para explicar que al cabo el partido prefiriese Stalin a Trotsky.[4]

Que se me perdone, pero creo que el problema no se plantea a ese nivel, sino al de saber por qué Stalin había llegado a ser secretario general, por qué hizo del secretariado un puesto decisivo. Factores históricos, como la derrota de 1923 en Alemania y el fin de las esperanzas de la revolución mundial, jugaron sin duda un papel importante en la eliminación de Trotsky, que pedía al partido que jugase la carta de la Revolución mundial. De igual modo, en la política posterior Bujarin-Stalin,

---

3 R. Aron, *Démocratie et totalitarisme*, París, Gallimard, Colección «Idees», p. 146.
4 R. Aron, *op. cit.*, p. 316.

en el período que va hasta el 29, los acontecimientos que relata *La condición humana*, como la ruptura de los demócratas de Chiang Kaichek con el Partido, la política seguida por los demócratas de Occidente, jugaron un papel decisivo para el abandono de esa línea política. No es posible situarse simplemente al nivel individual para analizar el fenómeno de la eliminación de Trotsky.

En el mismo nivel sociológico, una de las investigaciones sociológicas más conocidas referentes a la administración constata que en la administración francesa hay tendencias conservadoras e innovadoras, las describe de forma bastante exacta y plantea la pregunta de cuáles van a predominar. Esa investigación se sitúa fuera de toda funcionalidad, y se contenta precisamente con describir a esa administración.

Sin embargo, en 1966, cuando la investigación llevaba ya tiempo realizándose, encontramos en un folleto la nota siguiente:

> Para avanzar en una comprensión del cambio en el seno de las organizaciones administrativas, resulta pues necesario salir del marco de esas mismas organizaciones. (Ese esfuerzo por enlazar en un mismo análisis las transformaciones intraadministrativas y las transformaciones del entorno constituye precisamente el objeto de nuestro segundo programa de investigaciones).[5]

¡Han sido necesarios años para preguntarse cuál es la funcionalidad del fenómeno estudiado! El concepto de

5 Pierre Crémion, «Résistance au changement des administrations territoriales: le cas des institutions régionales», en *Sociologie du travail*, n.° 3, p. 395 (nota).

funcionalidad en relación a un sujeto colectivo aparece, pues, muy tarde —y aún, ignoro lo que se hizo luego— o bien queda completamente eliminado.

Si ahora pasamos al nivel literario, donde se sitúa el terreno de mis investigaciones, imaginemos por un solo instante que Racine, en lugar de ser educado en Port Royal, lo hubiese sido —y hubiera podido ocurrir— en los jesuitas. Dado el genio de Racine, no se puede excluir que hubiese escrito también obras de genio. Pero sin duda no hubieran sido las mismas. No hay una ligazón necesaria entre el individuo Racine y las obras que escribió: miles de accidentes intervienen para decidir la estructura y el detalle de esas obras. En cambio, si nos situamos en la perspectiva del sujeto colectivo, y si hablamos de cultura, del grupo social que se orienta hacia la organización global de las relaciones humanas —es decir, las clases sociales—, entonces Port Royal podía tal vez no producir un teatro genial, pero sin duda de Port Royal no podían salir las obras de Moliére, ni cantos líricos, porque la estructura de pensamiento de Port Royal era tal que lo que de allí surgiese debía tener necesariamente la estructura de la tragedia. Y a ese nivel, detalles de los que nunca dará cuenta la psicología individual vienen a ser estrictamente necesarios.

Si nos preguntamos, por ejemplo, por qué Don Juan se casa cada dos meses —cosa contraria a la verosimilitud exigida en el siglo XVII—, resultará difícil explicarlo situándonos en relación a Moliére. Pero si admitimos que la obra se escribió en la perspectiva de la nobleza de la Corte y que, en el caso de *Don Juan*, Moliére toma posición contra los propios nobles de la Corte (y no contra los burgueses como ocurre en *El burgués gentilhombre* y El avaro, o los jansenistas como en *El Misántropo*, ni tampoco los miembros de la Sociedad del Santísimo Sacramento como en *Tartufo*), entonces comprendemos que no puede haber más que escenas aisladas, que no puede haber acción, y que la actitud permanente de Moliére es: «lo que hace Don Juan es justo, pero exagera; da limosnas al pobre, pero le exige que blasfeme», etc.; esa es toda la estructura de la obra. Ahora bien, la tradición le da un Don Juan que tiene una serie de amantes. La respuesta a la pregunta tiene que ser por tanto acorde con la estructura de la obra, es decir, ha de plantear el problema al nivel del libertinaje y en el interior de las exageraciones de la nobleza cortesana. Entonces, la respuesta es precisa; no se puede decir: «Tú tienes una amante cada mes, tendrías que tener una cada tres meses»; la estructuración rigurosa es en realidad: «Está bien que te cases, pero te casas con campesinas, y un noble no se casa con campesinas, y te casas cada mes, que es un exceso». La estructuración de la obra exigía que todo lo que hiciese Don Juan fuese justo, pero exagerado, excepto en el único terreno en que no puede haber exageración: el valor; Don Juan es extremadamente valiente, y al respecto no se le puede hacer ningún reproche.

Podríamos tomar también el ejemplo de Héctor, el muerto que habla en *Andrómaca*: es algo totalmente inverosímil, particularmente en el siglo XVII, y a Racine no le gustaba lo inverosímil. Siempre que recurre a ello se debe a una razón de coherencia: en efecto, en la perspectiva jansenista, si no hay salida en el mundo, las figuras que corresponden a Dios —pero que no son Dios—se callan. Y al revés, cuando se da una solución en el mundo, cuando Andrómaca descubre que puede casarse con Pirro para salvar a Astianax y suicidarse a continuación para resolver la contradicción, Héctor habla; aunque sea inverosímil, Dios habla.

Podemos hallar también ejemplos en las obras contemporáneas. Cuando en *Los negros* Genet aborda el problema de la oposición entre negros y blancos, no puede hacer representar a los personajes blancos por blancos; y por un motivo muy preciso: no se puede contar el conflicto radical entre negros y blancos en un espectáculo en el que colaboren actores negros y blancos. Y esto tiene consecuencias en toda la obra, pues si son negros los que representan a los blancos, tienen que participar en el ceremonial, en el ritual; la realidad, que en otras obras estaba en el escenario, se sitúa en ésta fuera de él. En esa perspectiva llegamos incluso a explicarnos el orden de las réplicas que se dan en la obra. Cuando se trabaja a partir del sujeto colectivo se puede llegar a resultados a este nivel.

Si queremos saber qué piensan Juan y Pablo, su comportamiento al levantar una mesa, cómo la ven, es preciso que nos demos cuenta que tienen que levantar esa mesa *juntos*; y todo lo que es historia se sitúa en esa perspectiva. Si admitimos la perspectiva del sujeto colectivo, lo primero de que podemos prescindir es el concepto de sujeto trascendental, una de las cruces más penosas de la historia de la filosofía. ¿Cómo nació ese concepto? Nació en la historia de la filosofía en el momento en que los filósofos comprendieron que el hombre participa en la creación del mundo. Trabajan todavía con el sujeto individual y empírico; ahora bien, es evidente que el yo empírico no ha creado este mundo, y de ahí la idea de un sujeto trascendental cuya conciencia ha creado el mundo, mientras que el yo empírico lo encuentra delante de sí. Pero si nos situamos al nivel del sujeto transindividual, entonces este último, los grupos sociales, han creado realmente las carreteras, las casas, las instituciones, las relaciones sociales y también las categorías mentales con las que nosotros los comprendemos, y ya no tenemos necesidad del sujeto trascendental; la idea de la creación de la sociedad, de las instituciones sociales, leyes morales, categorías mentales se sitúa efectivamente al nivel del sujeto empírico y podemos trabajar así al nivel de la ciencia positiva. A partir de ahí, desaparecen todas las dualidades que dominan la filosofía contemporánea, se sitúen al nivel del sujeto individual —lo que conduce al idealismo— o al nivel de la negación del sujeto —que es la última consecuencia de todo materialismo mecanicista—; y al desaparecer dejan paso a dualidades operativas, pero que no tienen ningún carácter radical.

Hablé ya de la dualidad sujeto-objeto. Pero a partir de esta perspectiva hay que darse cuenta de que conceptos como el de metalenguaje son útiles y necesarios a condición de no absolutizarlos. Porque si hablo en francés del francés, o hablo de la lengua, no estoy en un metalenguaje radical. Hay que caer en la cuenta de que hablo en francés de la lengua francesa, de que hablo de la lengua francesa, y de que el concepto de metalenguaje es operativo a condición de no oponer radicalmente lenguaje y metalenguaje.

Lo mismo hay que decir de los juicios de hecho y los juicios de valor. Si los juicios de hecho son estructurados por un conjunto de categorías mentales vinculadas a la praxis de los grupos, entonces los juicios de valor fundan, en la base, los juicios de hecho en la perspectiva de un grupo. Y esos juicios de hecho, por supuesto, deciden sobre la praxis y fundan los juicios de valor.

Si quiero estudiar la historia de los comportamientos políticos, debo partir de la realidad social en la que se han desarrollado; pero si quiero comprender los hechos sociales, tengo que tener en cuenta los juicios de valor con ayuda de los cuales los han construido los hombres. En un artículo estructuralista aparecido contra mí en una revista inglesa se empieza diciendo: Goldmann analiza sociológicamente las diferentes ideas del marxismo, del que niega la acción; y más adelante: habla de la acción olvidando el condicionamiento histórico de la misma. Pero, claro, están presentes los dos, y ahí está la cuestión, en que al afirmar uno no se niega al otro; tampoco se trata de afirmar que están presentes ambos elementos, sino que en cada caso concreto debemos saber qué tipo de relación mantienen y cómo se realiza la funcionalidad. Si soy un individuo ante el mundo, las Cosas están ahí, y sólo puedo juzgarlas: ahí está esa casa, y además el hecho de que me gusta o no, de que es buena o mala; pero en cambio, si me sitúo al nivel del sujeto colectivo, las cosas están transformándose y están vinculadas al comportamiento del sujeto, y es imposible separar radicalmente hechos y comportamiento del sujeto, es decir, su valoración.

Lo mismo ocurre con continuidad y discontinuidad. Si compro un coche, puedo decir que hay discontinuidad entre, pongamos por caso, el DS y el Citroën 3 CV que ha venido después; pero si me sitúo en la perspectiva del grupo social, de la industria automovilística y de Citroën, hay una continuidad, una evolución continua que crea en un momento determinado la discontinuidad. Es lo que en filosofía se llamaba tradicionalmente el tránsito de la cantidad a calidad. Los grupos sociales se transforman en el interior de estructuras dadas y, en un momento determinado, se da el paso de una estructura a otra. Es igualmente absurdo imaginar la discontinuidad fuera de la continuidad como hace todo el estructuralismo lingüístico (Althusser reconoce el problema, pero piensa que de momento no tiene solución). El problema fundamental, pues, es comprender que toda discontinuidad presupone primero transformaciones en el interior de una estructura dada y que por el contrario la continuidad, el devenir, comporta discontinuidades y que siempre es un problema relativo.

Como en el caso de la explicación y la comprensión, que han dado lugar a tantas discusiones universitarias en que con mucha frecuencia se asimila la comprensión a la empatía, la simpatía, etc. Comprender un fenómeno es describir su estructura y delimitar su significado. Explicar un fenómeno, es explicar su génesis a partir de una funcionalidad en vías de devenir a partir de un sujeto. Y no hay diferencia radical entre la comprensión y la explicación. Si quiero explicar un *Pensamiento* de Pascal, tengo que referirme a todos los *Pensamientos*, y si estudio todos los *Pensamientos*, los comprendo. Pero hay que explicar su génesis, y entonces debo recurrir al jansenismo; y puedo comprender el jansenismo recurriendo a la nobleza de toga, y así sucesivamente. Toda investigación se sitúa siempre a dos niveles el de la estructura y el de la funcionalidad. Y la funcionalidad implica al sujeto; y el único sujeto que a nivel histórico puede dar cuenta del conjunto de los fenómenos —si se trata de textos de los que conocemos el conjunto— es precisamente el sujeto colectivo.

Serían precisos largos desarrollos para pasar revista a todas las demás dualidades que indiqué. Lo que en concreto me interesa —y querría terminar esta exposición con una idea que me parece particularmente importante— es subrayar que lo mismo plantear el sujeto individual o de los hechos que existen fuera de los juicios de valor y de los sujetos colectivos que los han creado —la línea que lleva de Descartes a Sartre— que la línea que nos conduce de Holbach al estructuralismo contemporáneo o lingüístico, que es mucho más radical, tienen que eliminar necesariamente un lado de los hechos (en un caso no ver las estructuras, en el otro no ver el sujeto que crea la génesis, el devenir, la funcionalidad) y, a partir de ahí, han de acabar deformándolos y siendo ideológicas. Pues bien, una de las preocupaciones más importantes de la reforma universitaria contemporánea se ha manifestado en la exigencia de la pluridisciplinariedad; está bien, es útil, porque en el interior de la realidad del cosmos hay vínculos permanentes, pero también los hay y los hay sobre todo en la realidad social, entre sus diversos sectores. No es posible comprender un fenómeno literario fuera de la pintura, la economía, la lingüística, etc. Pero lo que debemos comprender de una vez por todas es que no se trata de poner juntas investigaciones positivistas de un sector, que no tienen en cuenta el sujeto, y estudios idealistas que parten del sujeto individual o psicológico, que no tienen en cuenta la realidad social y olvidan la relación estrecha entre funcionalidad y estructura (es decir, que no son dialécticos), y creer que con ello se está haciendo pluridisciplinariedad con tres o cuatro perspectivas unilaterales; eso no constituye una perspectiva científica. En la medida en que ese problema se plantee en el interior de cada disciplina, en la medida en que los sociólogos se den cuenta de que una sociología no tiene que ser positivista, sino que ha de tener en cuenta el sujeto transindividual en tanto que actor que transforma la realidad, en la medida en que todos los sectores diversos de las ciencias humanas se hagan dialécticos, la interdisciplinariedad nacerá implícitamente y a continuación, por supuesto, en el marco de esa interdisciplinariedad habrá especializaciones y especialistas. Los pensadores dialécticos no han aguardado a esa exigencia, y, en mi caso, hace tiempo que tengo una cátedra de sociología de la literatura, en tanto que los sociólogos, cuando estudiaban la literatura, en general estropeaban el hecho literario porque buscaban en ella el reflejo de la conciencia colectiva en lugar de buscar la creación de estructuras, y los literatos consideraban a la sociología sólo como un condicionamiento exterior.

Las relaciones entre sociología y psicología, derecho y sociología, en definitiva, entre todos los sectores de las ciencias humanas no podrán ser realmente interdisciplinarios más que si se vuelve a introducir en la vida social al sujeto creador, y eso quiere decir a los grupos humanos, las colectividades y, en primer lugar, en la dimensión histórica, a las clases sociales. Una auténtica interdisciplinariedad supone ciencias humanas dialécticas y todo reagrupamiento de perspectivas positivistas o idealistas será incapaz de crear una interdisciplinariedad, sólo creará organizaciones administrativas en las que los distintos sectores tendrán el mismo sombrero, pero seguirán siendo sectores parciales.

VI. LA DIALÉCTICA, HOY

En esta exposición sobre la dialéctica hoy querría remitirme a dos discusiones anteriores: en primer lugar, la de ayer, y también otra en la que participé activamente el año pasado en este mismo lugar. Lo que os voy a plantear hoy a partir de esas dos discusiones no es de ningún modo el resultado de una investigación ni de una teoría; sólo me permito plantear unas preguntas y sugerir los primeros elementos de una hipótesis de investigación que podría ofrecer las bases de partida de ulteriores investigaciones positivas. Pero, en cualquier caso, en primer lugar tenernos el problema de saber cómo se plantean las preguntas y cuáles son los primeros pasos hacia la respuesta.

La primera discusión a la que quiero remitirme es la que siguió a la conferencia de Holz, sobre la actualización de los filósofos del pasado, la actualización de Hegel, y, en segundo lugar, el problema de la burocracia. Holz nos explicó, con razón, que no había que leer a los filósofos simplemente como hechos históricos superados que queremos estudiar para saber lo que ocurrió hace cien o mil años, sino que había que actualizarlos; entonces le respondí que de acuerdo en eso, pero que el problema fundamental era saber cómo se hacía esa actualización. Creo que es una mala actualización decir que todo el marxismo y todos nuestros problemas estaban ya en Hegel o decir que Hegel no tiene ningún interés y que tenemos problemas esencialmente distintos. La actualización de un filósofo o de un pensamiento filosófico supone que lo comprendamos tal como fue, con sus diversos elementos positivos, su coherencia interna y su desarrollo en el interior de una realidad social, para ver cómo a partir de ahí algunos elementos pueden responder a nuestros problemas todavía.

Ahora bien, tratándose de Hegel hay precisamente una actualización que me parece capital para la historia de la filosofía; e incluso es lo más importante que hizo George Luckács en su segundo período. Todos sabéis que así como admiro a Lukács hasta 1925, hay en cambio muchos puntos en que no estoy de acuerdo, y sobre los que he formulado reservas, en cuanto al Lukács de 1936; sin embargo, tuvo una idea —nacida de la problemática del estalinismo— que nos ha permitido ver de forma mucho más clara no lo que habría podido ser, lo que se habría podido hacer con la filosofía alemana, con la dialéctica, sino lo que ésta ha sido efectivamente y la forma como nació en Europa. En efecto, a partir de una problemática actual Luckács pudo ver que la filosofía dialéctica europea, la dialéctica, la literatura clásica alemana —y en particular Hegel y Goethe— nacieron del problema de la dictadura jacobina y de la dictadura napoleónica, que se trataba de un problema que se nos plantea pero que se plantea a los pensadores democráticos de la época. Estos estaban por la libertad, pero la libertad empezó a imponerse a través de la dictadura jacobina, y, a continuación, a través de otra dictadura, la dictadura napoleónica, que cada vez se reclamaba menos de la libertad y de la Revolución —y llegó a desentenderse de ello—, pero que, objetivamente, se oponía al Antiguo Régimen porque se basaba en la distribución de tierras y se apoyaba en los campesinos. Pensadores como Hegel, como Goethe, tuvieron que discutir, plantearse el problema y buscar cómo integrarlo, cosa que el racionalismo no podía hacer. Basta con ver cómo Madame de Staël se plantea el mismo problema y se niega categóricamente a imaginar que el mal pueda ser camino hacia el bien para comprender que el paso decisivo fue *Fausto*, cuando por primera vez se expresó el hecho de que el pacto con el diablo es el camino que conduce al cielo, que no sólo es el camino, sino *el único* camino, que la naturaleza cambia, que las cosas no son eternamente buenas o malas, sino que hay que juzgarlas en el contexto. Para comprender que a partir de eso nacieron todas las grandes categorías del pensamiento dialéctico hegeliano, no de una especulación filosófica pura —tal vez eso fuese menos claro en la conciencia de Hegel— sino de la discusión de problemas que son nuestros problemas hoy, que eran los de Lukács cuando intentaba analizar —no directamente, sino a través de una aproximación estética— los problemas políticos de su tiempo y el estalinismo. Ahí tenéis una actualización de Hegel.

Luego ha habido en Francia otras actualizaciones de Hegel; naturalmente, se puede discutir qué hay en ellas de válido, qué no lo es. Hubo el hegelianismo de derechas de Kojève y de Weil, que nos ha hecho comprender cómo, tras la caída de Napoleón, tras el fin de la Revolución Francesa, Hegel se encontró ante una problemática que era muy parecida, o muy emparentada en ciertos aspectos, con la que se nos ha planteado a nosotros. La historia continuaba, la posición dialéctica de que os hablaré seguía exigiendo no oponer a esa historia unos valores morales sino preguntarse desde dentro de esa realidad histórica cómo insertarse en ella; entonces se llegó a una apreciación completamente distinta del estado prusiano, que a Hegel le pareció el factor relativamente más progresista —y esa sigue siendo la teoría de nuestros hegelianos de derecha—. Y a partir de ahí aparecieron en Francia artículos, estudios, en que en nombre de Hegel, analizando su reacción, se partía de la idea de que quien hace la historia son los burócratas, los hombres de estado, los jefes de estado, y de ahí se pasaba —al respecto hay un artículo muy característico de Weil— a defender a Stalin contra los malos trotskistas, y a los gobiernos occidentales contra los malos cristianos que intentaban introducir valores morales, siendo así que quien hace la historia son los hombres de Estado. Toda esa discusión es también una actualización, y pienso que ninguno de los dos andan realmente equivocados, ni Lukács ni el hegelianismo de derechas, porque una cosa es la *Fenomenología del Espíritu* y otra cosa la *Filosofía del Derecho*; una se escribió antes del fin de la Revolución de 1789 y la otra después, y Hegel tuvo que plantear los problemas a otro nivel. Es una actualización, que naturalmente plantea todos los problemas de la investigación científica, pero que intenta ver lo que fue en realidad una filosofía en el interior de su época; a partir de ahí, nos conduce a preguntarnos cómo, en qué medida, en situaciones que ciertamente tienen elementos comunes y en otras que no los tienen, podemos responder en la forma en que lo hizo el filósofo, o de manera distinta.

Todavía querría, a propósito de esa misma discusión, decir algunas palabras sobre el problema de la burocracia. Le respondí a Holz que es un error científico —en mi opinión—, una insuficiencia científica que tiene consecuencias prácticas, hablar siempre de la «burocracia» o del «capitalismo» o del «socialismo» sin remitirse a estudios específicos, como si históricamente nos encontrásemos ante un solo fenómeno, dejando a un lado el hecho de que hay burocracias muy distintas, con funciones muy distintas. Así, el término «capitalismo», que podía muy bien ser utilizado por Marx porque en su época sólo había un tipo de capitalismo, el capitalismo liberal, no era ya suficiente para Lenin y Rosa Luxemburg, que tuvieron que hablar de capitalismo imperialista; y actualmente necesitamos ya tres términos distintos porque —aunque la segunda y la tercera fase del capitalismo son ambas imperialistas—, el término imperialista ha venido a ser insuficiente para caracterizar a la tercera fase, y un término teórico tiene que distinguir los rasgos específicos. Después del capitalismo de entreguerras, sacudido por crisis porque los mecanismos de regulación mediante el mercado habían desaparecido, actualmente tenemos el capitalismo de organización tecnocrático, la sociedad tecnocrática, pero los dos son imperialistas: por eso necesitamos términos distintos para distinguirlos. Pues bien, Holz me respondió que estaba de acuerdo, que necesitábamos de un lado un término general y de otro hacer estudios concretos en cada caso. Por supuesto, todos los que han hecho teorías generales están de acuerdo en reconocer la necesidad de concretarlas en cada análisis; forma parte incluso de la teoría general el decir: tenemos la categoría común, la burocracia, el capitalismo, y luego el análisis de cada caso histórico concreto. Pero es precisamente eso lo que no me parece científico. Porque el nivel de la investigación científica se sitúa entre los dos, entre el análisis histórico puro del caso localizado y la teoría general que diluye las diferencias. El análisis científico supone una esquematización, supone una tipología, y una de las tareas más importantes es establecer el nivel al que es operativa esa tipología; todo el mundo está de acuerdo en que si hacemos una teoría muy general del capitalismo, entonces hay que analizar el capitalismo francés, italiano, alemán, inglés, en tal o cual época, pero lo esencial es situar el análisis a los tres niveles del capitalismo liberal, del capitalismo en crisis y del capitalismo de organización, cosa que no coincide ni con el análisis concreto de tal o cual caso (que lo basamenta) ni con el concepto muy general —que llega un momento que ya no es operativo—. Y el nivel de las esquematizaciones tampoco es permanente ni eterno. La historia continúa, y el científico tiene que preguntarse siempre dónde se sitúa el nivel de análisis operativo; si se ha equivocado, con la libre discusión de las objeciones pueden realizarse correcciones.

La problemática esencial actualmente es saber dónde se sitúa el nivel operativo de un análisis de la burocracia. Una teoría general de la burocracia se completa siempre, naturalmente, con el análisis de la burocracia polaca o de la burocracia húngara en tal o cual momento, pero lo que nos interesa es que ese doble nivel es precisamente *no científico* y que el nivel científico es aquel en que se intenta hacer una tipología. Voy a proponer una, que tal vez sea mala pues no se basa en una investigación prolongada, pero que pienso que en cualquier caso puede constituir un punto de partida.

Titulé mi exposición *La dialéctica hoy* porque pienso efectivamente que toda una serie de categorías fundamentales del pensamiento dialéctico que nacieron —como Lukács mostró— a partir de la necesidad de integrar en la problemática de una filosofía de la historia orientada hacia la libertad los problemas de la dictadura jacobina y de la dictadura napoleónica, siguen siendo válidas para nuestro pensamiento y para nuestra problemática. Intentaré enumerarlas para pasar de ahí a aplicarlas en concreto.

La primera idea del pensamiento dialéctico, la principal, y no por casualidad —un dialéctico no puede hacer historia de las ideas fuera de la historia de la sociedad, como decía Hegel, creo, o Lukács: la historia del problema es el problema de la historia, o la historia de las ideas forma parte de la historia de los hechos— es la categoría de totalidad; es la idea de que no es posible comprender un fenómeno más que insertándolo primero en la estructura más amplia de la que forma parte y en la que tiene una función, siendo esa función su sentido objetivo, independientemente del hecho de que los hombres que actúan y lo crean sean conscientes o no de ello; es la categoría de la estructura significativa que no se comprende más que mediante la inserción en una estructura significativa más vasta y en el conjunto de la historia.

La segunda gran categoría hegeliana, que no tiene nada de misterioso ni de especulativo, es la de identidad —según entiendo yo, parcial; separa Hegel, total— entre sujeto y objeto, que es simplemente la afirmación de que si la humanidad es histórica, si el sujeto de la acción, de la creación y de la praxis son los grupos sociales —Marx precisará: las clases sociales—, si los grupos sociales son sujetos colectivos, entonces todo pensamiento sobre la historia y la sociedad es ciencia y conciencia, el grupo que piensa es el sujeto y el objeto del pensamiento. Si por ejemplo —y es algo que se puede discutir— el marxismo es el pensamiento del proletariado, entonces *El capital* es un pensamiento del proletariado sobre el proletariado, ya que el proletariado que analiza la sociedad capitalista se analiza a sí mismo como parte de esa sociedad capitalista, pero, al analizarse ya no es el mismo, pues toma —sobre todo con la expansión y la acción del *Capital* y del pensamiento marxista—, una conciencia de sí distinta de la que tenía antes del desarrollo del marxismo. A partir de ahí, llegamos a la idea de que las teorías, los juicios de hecho, no pueden basarse más que en los juicios de valor, y que los juicios de valor no pueden basarse más que en los juicios de hecho, que no es posible separar unos de otros, ni separar sujeto de objeto, lo cual constituye la crítica radical de todo positivismo (y el positivismo no es sólo tal pequeña escuela, sino toda afirmación de que entre los juicios de valor y los de hecho hay una ruptura radical).

Todas esas categorías hegelianas van a ser recogidas por el marxismo, y no es ninguna casualidad que se hayan reactualizado en Europa más o menos en torno a los años 1917-1923; ante todo por Lenin, en sus *Cuadernos filosóficos*, en segundo lugar, por Lukács en *Historia y conciencia de clase*, y creo que en tercer lugar, algo más tarde, en los análisis concretamente filosóficos de Gramsci. No es casual que en el intermedio el marxismo fuese tan positivista como la ciencia universitaria, con sus Mehring, Plejanov, Kautsky, Bernstein, e incluso Lenin en la época en que escribía *Marxismo y empiriocriticismo*. No es casualidad, porque los problemas que dieron a luz la dialéctica, los de la Revolución, su estrategia y su táctica, los de la Revolución Francesa, se actualizaron en torno al año 1917 y, en la medida en que se los planteaban, los pensadores marxistas se vieron obligados —a pesar de la fortísima tradición positivista— a volver a la problemática dialéctica, aunque sólo lo hicieron hasta cierto punto porque no había aún datos suficientes para un análisis sociológico dialéctico. Y si a continuación, a partir de 1923, se terminó ese renacimiento del pensamiento dialéctico, fue porque el período revolucionario se había terminado con toda evidencia: todos sabemos que con la derrota de 1923 en Alemania, a partir de 1925-1926 no hay ya rastro de ello.

Añado entre paréntesis —porque hay muchos intentos de heideggerianizar el marxismo— que Heidegger, que venía de Lask, que venía del mismo medio en que se desarrolló el pensamiento lukacsiano, conocía perfectamente ese pensamiento que entonces si no estaba en el centro era al menos uno de los elementos importantes de los que se discutía en Friburgo y Heidelberg; la importancia de Heidegger fue tal vez crear un lenguaje y establecer luego una teoría reaccionaria de los elementos que Lukács había desarrollado, pero entre el *Sein* heidegeriano y la totalidad lukacsiana; entre el ser-para-la-muerte y la autenticidad heideggerianos y el análisis de la conciencia del límite realizado por Lukács en *La metafísica* de la tragedia; entre la «*Zuhandenheit*» y la «*Vorhandenheit*» descritas por Heidegger y la Praxis que Lukács opone a la presencia objetiva; entre la ontología tradicional y la percepción del *Sein* en Heidegger y la distinción que hace Lukács entre la filosofía tradicional y la dialéctica; entre todos esos elementos hay un parentesco extraordinario; de modo que si se heideggerianiza el marxismo, no se hace sino recoger en el lenguaje de una filosofía reaccionaria las categorías que habían sido ya traducidas de un análisis marxista a un análisis heideggeriano, a un análisis existencialista. Añadiré también que al principio del análisis de *El ser y el tiempo* y en la última página, hay una referencia polémica directa que indica contra quién se escribió el libro y en relación a quién se escribió cada página del libro el teórico de la «*Verdinglichkeit des Bewusstseins*», entre comillas, el teórico de la reificación de la conciencia. Ahora bien, la mitad del libro de Lukács *Historia y conciencia de clase* estaba consagrada a la *Verdinglichkeit des Bewusstseins*.

Pero lo que me importa es que el pensamiento dialéctico siempre ha estado vinculado al problema de la transformación social, al problema de la revolución, que nació a partir de la Revolución Francesa, se reactualizó con Marx en el momento de la Revolución de 1848, se reactualizó y reapareció en el pensamiento marxista cuando se plantearon problemas análogos hacia 1917 e inmediatamente después de 1917.

Ahora querría referirme a dos análisis: uno que desarrollé yo mismo por dos veces —y que creo no ha de ser abandonado, sino precisado— y otro concerniente a la sociología de la burocracia y su funcionalidad.

En lo que se refiere al primero, que tiene ya años, hemos visto la problemática de la sociedad moderna más o menos de la forma siguiente, y tal vez me haya dejado influenciar demasiado por los teóricos de la época, pero también por una realidad que todavía no estaba totalmente desarrollada y no tomó sus formas concretas más que a partir de junio de 1968. De un lado, teníamos teóricos que afirmaban que la sociedad tecnocrática estaba perfectamente equilibrada, resolvía todos los problemas, aumentaba el nivel de vida, etc. Esos teóricos tenían connotaciones políticas muy diversas: para unos esa estabilización de la sociedad tecnocrática iba emparejada con la desaparición de todo espíritu contestatario en beneficio de la adaptación de todos, era el fin de las ideologías para Daniel Bell y Raymond Aron, que veían en ella un fenómeno positivo, como el inicio de un mundo ideal; para David Riesman era la desaparición del radar interior, cosa que constataba con cierta melancolía; para Herbert Marcuse, finalmente, era el apocalipsis, el reino del hombre unidimensional, en que la dimensión creadora y la dimensión crítica eran progresivamente eliminadas por el capitalismo de organización, que no dejaba al hombre más que la dimensión adaptativa. Esos tres grupos de teóricos, a través de juicios totalmente distintos, llegaban a un acuerdo sobre el hecho de que el capitalismo de organización se imponía si no para siempre, al menos para un largo período: aportaría un incremento de la producción, mayor bienestar, etcétera. Por el lado opuesto, teníamos a los teóricos de la nueva clase obrera, partidarios de la idea yugoslava de autogestión: primero Trentin y Foa en Italia, y luego Serge Mallet y André Gorz que al introducir sus ideas en la sociología francesa nos explicaban —y creo que en ese punto tenían razón— que estaban desarrollándose factores nuevos de contestación, distintos de los del pasado: las nuevas clases medias asalariadas, la llamada «nueva clase obrera», es decir, en el fondo, los obreros cualificados, los técnicos, las capas medias asalariadas, que estaban naciendo en la sociedad. Confieso que yo mismo desarrollé mi análisis desde ese ángulo: las dos cosas son posibles; cabe imaginar una sociedad tecnocrática si se impide esas tomas de conciencia de grupos que, en cualquier caso, estarán bien pagados, pero hay razones poderosas para admitir que esos grupos tomarán conciencia de la situación, y se realizará una evolución hacia el socialismo; el problema es la lucha por esa toma de conciencia.

Actualmente puedo decir que ese análisis no era falso, pero era esquemático y unilateral, y que la evolución de los últimos dos años indica unos rasgos sobre los que sólo puedo formular hipótesis, pero que se dibujan ya y sobre los que hay que reflexionar. El primero de esos hechos nuevos entiendo que es que en la sociedad capitalista europea contemporánea aparecen unos elementos que pueden hacer pensar seriamente que las propias capas tecnocráticas se orientarán hacia la autogestión. Porque las capas dirigentes minoritarias han tenido necesidad siempre de bases sociales; hasta ahora esas bases eran precisamente la pequeña burguesía autónoma, los campesinos que actualmente están en vías de desaparición. A los dirigentes de la sociedad tecnocrática se les va a plantear necesariamente este problema: ¿cómo hallar otras bases sociales? Y bien, esas otras bases sólo pueden ser las nuevas capas medias, o por lo menos el estrato superior de esa nueva clase obrera o de esas capas medias asalariadas que la sociedad tecnocrática está desarrollando. Ahora bien, lo mismo que hubo que hacer concesiones a los obreros para integrarlos, y ha habido que hacer concesiones a la pequeña burguesía tradicional en el mundo liberal, habrá que hacer también concesiones (intentando limitarlas) a esas capas. Pero si van a ser insuficientes las simples concesiones de renta, por la sencilla razón de que la renta aumenta, es probable que la evolución de las clases dominantes vaya en el sentido de un compromiso que permitiría orientarse hacia ciertas reformas de estructura orientadas a la participación, a la colaboración y las reformas de estructura de las empresas, y no hacia la auténtica autogestión. Habrá burguesías que se resistirán a eso, y quedarán rezagadas; no todos los países se encuentran al mismo nivel; o bien se harán esas reformas, y los países que las admitan avanzarán, o bien no se harán, y quedarán atrás; pero es un hecho con el que hay que contar.

Segunda idea importante, eso significa que tal evolución histórica —que me parece es el rasgo fundamental de la sociedad moderna y de las transformaciones de la sociedad moderna— podrá hacerse por vías distintas en la medida en que, en todo caso, lo que se desarrolla es una transformación interna, en que una clase tomará progresivamente influencia y poder en la sociedad tecnocrática existente; es decir, una evolución, que, muy esquemáticamente, se realiza al modo como se desarrolló la burguesía en el seno de la sociedad feudal, que empezó con transformaciones económicas y sociales antes de llegar a la transformación política. La experiencia de la revolución burguesa nos mostró que eso puede hacerse de formas distintas: esquematizando, al modo francés o al modo alemán, es decir, según un patrón revolucionario con participación del pueblo y estructurando una sociedad esencialmente distinta. O bien mediante reformas mínimas reducidas desde arriba; las sociedades que han salido de ambos procesos son totalmente distintas y ese es uno de los grandes problemas de la sociedad moderna. Si somos dialécticos, si intentamos preguntarnos cuál es el sujeto de la transformación —no cómo tiene que ser ésta arbitrariamente, sino cuál es el sujeto real de la transformación—, creo que a donde debemos orientarnos es hacia esa nueva clase media asalariada, hacia esa nueva clase obrera. Pero también tenemos que preguntarnos cuáles son los caminos posibles, pues hay caminos distintos, que comportan resultados distintos, aunque no sean unívocamente distintos. Porque si hacemos un balance del camino revolucionario por el que la burguesía tomó el poder en Francia y el camino reformista por el que tomó el poder en Alemania, en Francia tenemos de un lado una sociedad en que las tradiciones revolucionarias jacobinas, democráticas, han influido en toda la cultura francesa —cosa indiscutible— pero de otro lado esa misma burguesía, obligada durante la Revolución a recurrir al pueblo para que la apoyase tuvo que desembarazarse de él luego; y en Francia hemos visto dos de las represiones más violentas para eliminar al proletariado de esa sociedad que él había contribuido a crear: junio de 1848 y la Comuna de París. Es decir, que la problemática que se nos plantea ahora consiste en saber algo sumamente importante: cuáles son las fuerzas (pienso que son fuerzas que empiezan a expresarse en el izquierdismo en acontecimientos como los de 1968) que, no en su programa, en su análisis de la situación revolucionaria, sino en la realidad, pueden tener realmente, en tanto que fuerzas históricas que empiezan a manifestarse, una influencia decisiva en la forma en que se haga esa transformación; y probablemente será del papel que ellas jueguen —y naturalmente no estoy hablando simplemente de unos individuos, sino de las capas que tienen detrás— de lo que va a depender la problemática de saber si la nueva sociedad, que se orientará hacia la autogestión y hacia una democracia económica por emplear el término decisivo, será humanista con elementos importantes de lo que se puede llamar socialismo, o bien, con compromisos totalmente conservadores y prosaicos, garantizará simplemente la participación de un grupo elitista minúsculo. Debemos darnos cuenta también de que precisamente en la medida en que las transformaciones se realicen según el modelo más democrático y en la forma que será más válida por sus esperanzas de creación cultural humana y humanista, habrá un grave peligro de que un día se vea a los tecnócratas, a los técnicos, incluso a los productores, intentando desembarazarse de las capas populares como lo hizo la burguesía con el pueblo. La función esencial —no sé si será posible ni si lo van a conseguir— de los pensadores socialistas conscientes consiste precisamente en hacer todo lo posible para garantizar de un lado la evolución más democrática y humanista posible y de otro impedir la vuelta a reacciones del tipo de la de junio de 1848 y sobre todo de la Comuna. Creo, pues, que el análisis de los teóricos de la nueva clase obrera tiene que modificarse en este punto y en ese sentido.

¿Cuáles son ahora las fuerzas reales que pueden actuar en el sentido de una transformación hacía, por así decir, la vía francesa, y no la alemana, hacia una vía que sea más democrática, más popular, más humanista, más penetrada de pensamiento, intención y orientación socialistas? Pienso que, ante todo —no hay que olvidarlas— tenemos las capas antiguas, el proletariado tradicional, la pequeña burguesía incluso, privilegiada hasta ahora, todas las capas que son golpeadas profundamente por las transformaciones sociales en curso. Pienso también en una capa cuya sociología habrá que hacer pero que es fundamental: la universidad; no voy a repetir lo que publiqué el año pasado en Praxis,[1] pero la universidad es una capa social que, por razones estructurales, difícilmente puede ser integrada en la nueva sociedad tecnocrática en vías de transformación sin orientarse hacia una profunda autogestión. Ni que

1 «Pouvoir et humanisme», recogido en *Marxisme et sciences humaines*, Gallimard, Idées, 1970

decir tiene que pienso en las minorías nacionales, como los negros de América. Pienso también en las capas más radicalizadas de esa nueva clase obrera y en muchos intelectuales. Pero sobre todo querría añadir una nueva capa que parece si no producto necesario de la sociedad tecnocrática, al menos posible como uno de los riesgos que ella engendra, y es la enorme capa de «pobres» que se desarrolla en las ciudades americanas; hay en Nueva York o en Chicago una pauperización enorme, que evidentemente representa una problemática social importante. Todas esas capas pueden radicalizarse, y lo harán, pueden en todo caso intervenir en el proceso de transformación: capas antiguas que sólo existirán un tiempo y serán absorbidas si se realiza esa transformación, capas nuevas como los estudiantes, como ciertas fracciones de la nueva clase obrera, como los «pobres» que, al menos en ciertas condiciones y tal vez necesariamente, produce la sociedad tecnocrática. Son capas que tienen una función y que decidirán las modalidades del camino que se tome; pero no tenemos que olvidar que si los izquierdistas, las crisis del movimiento estudiantil, las crisis de 1968 en Francia son las primeras manifestaciones de ese fenómeno, sería falso ver en ello la posibilidad, el momento mismo en que puede nacer una revolución del tipo antiguo, la revolución socialista del proletariado. En efecto, creo que tendrán una orientación decisiva, que pueden ser un factor decisivo para la evolución que tome la sociedad; que, si somos socialistas, hay que ver todo lo que pueden aportarnos para que esa evolución, esa transformación tenga un carácter socialista, pero creo que también hay que comprender que nuestro papel es precisamente consolidar esa orientación socialista e impedir los conflictos futuros que pueden ser análogos a los que hubo entre la burguesía y el proletariado.

Y ahora, a partir de eso, querría abordar el problema de la burocracia y proponer una esquematización del concepto de estructura burocrática. Valdrá lo que valga, es incluso posible que yo mismo dentro de un año la encuentre mala y la modifique, pero la someto a discusión.

Por razones que ya he indicado, creo que el concepto de burocracia, lo mismo que el concepto general de socialismo y de capitalismo, no es operativo. Por el contrario, hasta ahora hemos tenido tipos muy distintos de burocracias, que han cumplido funciones distintas, y doy en esquema una propuesta de tipología que podría servir como base de reflexión.

Ante todo, hemos tenido —lo analizó Max Weber, y creo que su análisis es en gran medida viable— una estructura burocrática ligada a un capitalismo liberal que permitió su desarrollo, que se desarrolló como burocracia del estado liberal y que tiene muy poco que ver, por ejemplo, con la burocracia estaliniana u otros tipos de burocracias. Lo que me importa es que en esa sociedad liberal había una posición particular de la clase obrera, que no era la de la estructura de la clase revolucionaria que negaba esa sociedad —sabemos que en Occidente esa clase ha sido integrada en gran medida y que jamás ha habido revolución proletaria—; pero, como Marx vio muy bien —independientemente de esa integración en la que él no cayó, pero que se ha dado— esa clase escapaba a la reificación. Ahora bien, en la medida en que esa clase escapaba a la reificación, no era culturalmente integrable en tanto que tal; ha sido integrada política y económicamente, pero creó a partir de eso una contracultura que en el plano cultural se oponía radicalmente a la cultura dominante.

Esa fue, precisamente, la función de los partidos de ideología revolucionaria, que representaban una especie de sociedad en la sociedad, y que ante todo fueron los partidos socialdemócratas tradicionales. Estos dieron lugar a una segunda forma de burocracia que era funcional, que tuvo necesidad de desarrollarse, por razones sobre las que no puedo extenderme. Por lo demás esas burocracias tenían una falsa conciencia revolucionaria, en tanto en la realidad eran reformistas e integradas, pero también se desarrollaban en una atmósfera de oposición muy precisa (Bebel estaba muy orgulloso de no haber apretado nunca la mano de un ministro) y con una actitud democrática en el interior del movimiento (Rosa Luxemburg tal vez no podía tomar el poder, pero podía expresarse libremente en el interior del movimiento.) La contracultura basada en la libertad y el socialismo era esencial. Eso hace que esa clase obrera que en gran medida estaba integrada en el plano económico e incluso social, y se daba cuenta de ello, pero que no lo estaba en el plano de la conciencia y había creado una contracultura, no pudo nunca crear el movimiento revolucionario; en cambio, pudo jugar un papel revolucionario, un papel de fuerza opositora importante cada vez que hubo una crisis social. Hay que dar cuenta del hecho de que en Occidente no hubo revolución y también del papel jugado por el proletariado español, el proletariado francés en el Frente Popular, en la huelga de 1968, etcétera. La potencialidad de explosión revolucionaria y de función revolucionaria pero periódica del proletariado —que durará en tanto éste exista— se basaba simplemente en el hecho de que, aun integrado económica y socialmente, poseía, sin embargo, una contracultura que en ciertos momentos podía venir a ser revolucionaria. Y eso nos ha dado una burocracia muy concreta, la burocracia de los partidos socialdemócratas.[2]

En Rusia nació un nuevo tipo de burocracia. Se trataba en ese caso de un partido revolucionario, no proletario (la gran oposición entre Lenin y Rosa Luxemburg es que Lenin sabía, como Bernstein por lo demás, y sacando unas conclusiones completamente distintas, que el proletariado no es una fuerza fundamentalmente revolucionaria —basta con leer el *¿Qué Hacer?* para ver cuáles son los elementos comunes— pero que puede ser integrado, que puede jugar un papel). La función

2 Como Lucien Goldmann no tuvo tiempo para desarrollar su pensamiento sobre este punto en ocasión de su exposición en Korçula, nos parece útil precisarlo citando un pasaje de la introducción a su último libro, *Marxisme et sciences humaines* (Gallimard), escrito en septiembre de 1970, poco antes de su muerte, pues recoge el mismo problema:

«En lo referente a la clase obrera tradicional, si bien es cierto que en las sociedades occidentales ha sido integrada en el orden capitalista y nunca ha jugado el papel que le atribuían los análisis marxianos, no es menos cierto que esa integración ha tenido un carácter específico distinto de la integración de todas las demás capas sociales: el de efectuarse en el plano epistemológico y cultural en forma de una contra-cultura auténtica y fuertemente opositora que se ha manifestado en la creación de partidos obreros políticamente integrados, reformistas y conservadores, pero cultural e ideológicamente opositores y contestatarios, desde la socialdemocracia, y en particular la socialdemocracia alemana de preguerra, hasta los partidos comunistas contemporáneos.

»Esto tuvo como consecuencia que, aunque nunca haya desencadenado por su cuenta una crisis revolucionaria, sin embargo la clase obrera ha intervenido desde junio de 1848 hasta mayo de 1968 cada vez que tal crisis nacía de circunstancias exteriores a ella —salvo cuando los intereses inmediatos de sus organizaciones han conseguido impedir toda acción, como sucedió en 1914 en Alemania en relación a los intereses estratégicos del Imperio o en 1933 y 1939 en relación a los intereses de política exterior de la URSS—.

del partido era reunir todos los descontentos, campesinos, minorías nacionales, proletarios, y organizar una estructura revolucionaria con la que se toma el poder. Y entonces, después de la toma del poder, nació un tipo de burocracia muy distinto porque, para los que aún eran revolucionarios y socialistas, esa burocracia tenía que tener una función táctica, la organización del combate; por supuesto, esa organización del combate exigía a veces tácticamente unas funciones burocráticas muy discutibles pero concebidas y pensadas como medios para la realización revolucionaria.

Pero a continuación viene una cuarta forma de burocracia, el estalinismo, cuyas bases hay que ver exactamente: el fracaso de la revolución en Occidente (Alemania), luego la ruptura con Chiang Kaichek, la eliminación de la oposición de izquierda (Trotsky), la eliminación de la derecha (Bujarin). El estalinismo no es en modo alguno la historia de un hombre, de un poder personal; no es una excrescencia. Es, en un país

» Naturalmente, el carácter específico de esa Integración y de sus consecuencias particularmente importantes han de ser analizados y basados en el plano teórico. Querría formular una hipótesis al respecto: creo que la integración es resultado no sólo de la mejora del nivel de vida y de cierto número de conquistas sindicales, sino también de la participación activa y diaria en el proceso de producción e, implícitamente, en el funcionamiento de la sociedad capitalista. El carácter de oposición —cultural e ideológicamente contestataria— de esa integración me parece que se explica —y aquí el análisis genial de Marx conserva toda su validez— por el hecho de que al no tener los obreros nada que vender a excepción de su fuerza de trabajo —y en última instancia eso quiere decir a sí mismos— necesariamente tenían que seguir siendo, aunque en diversos grados, rebeldes a la reificación, a la adaptación al mercado y a la transformación de los bienes en mercancías. En otras palabras, integración basada en la participación en la producción, las ventajas materiales y las conquistas sindicales, tendencia a un rechazo existencial de la cuantificación generalizada en el mercado y de la transformación de los bienes y los hombres en mercancías caracterizadas ante todo e incluso exclusivamente por su precio» (pp. 8-10).

de predominio campesino que tiene que defenderse —como por lo demás dijo Trotsky al calificarlo de bonapartismo—contra un cerco extremadamente poderoso, una política que decide no entrar en conflicto con el exterior e impedir toda revolución en los países capitalistas porque la revolución asusta a la burguesía y crea la unidad contra-revolucionaria.

La clave de la burocratización estaliniana es que por primera vez tenemos una burocracia que para poder mantener su influencia en el proletariado occidental que se encuentra en la misma situación, mantiene la contracultura y la posición revolucionaria pero que, al mismo tiempo, por razones muy concretas relacionadas con Rusia, tiene que impedir todo movimiento revolucionario que pueda comportar el riesgo de crear la unidad burguesa contra la Unión Soviética.

Ahí nace un tipo de burocracia de mucha mayor dureza, de mucho más cinismo; tiene una función muy precisa y no se la puede confundir con la burocracia leninista o con la burocracia socialdemócrata o con la burocracia de las sociedades liberales. Estamos ante un fenómeno extremadamente preciso, que tiene que ser analizado sociológicamente, y no tenemos que preguntarnos sólo por qué esa burocracia nació en Rusia, sino también si ha mantenido su ideología revolucionaria y su aspecto de contracultura; es que se trataba de conservar la influencia precisamente en un proletariado occidental que no se integraba en la cultura burguesa pero cuya actitud correspondía precisamente a lo que en ese momento pretendía la orientación de la burocracia estaliniana, es decir, no provocar crisis revolucionaria aun manteniendo una conciencia de contracultura;

y eso explica la influencia que ha podido mantener el estalinismo sobre el proletariado occidental.

Finalmente, hay un fenómeno nuevo pero que es fundamental y del que debemos tomar conciencia: el nacimiento, a partir de transformaciones tecnológicas, de algo muy nuevo que no es ninguna de esas cuatro formas antiguas de burocracia: la tecnocracia. Es la dirección de una sociedad que tiende a organizarse racionalmente y que con ello entra en conflicto con las burocracias tradicionales que son sin duda muy potentes, probablemente también en Rusia y en el mundo socialista, lo cual tiene consecuencias económicas. La tecnocratización es más avanzada en Occidente, pero el problema va a plantearse en todas partes y es importante tomar conciencia de él.

Tal vez mi análisis sea malo —lo propongo como punto de partida— pero es absolutamente esencial que hagamos una *tipología histórica localizada* de las distintas fases de la historia del movimiento obrero y de las burocracias correspondientes, de la situación de la burocracia actual, y ello no sólo con el análisis al nivel de la fuerza central y de las tendencias que pueden realizarse en la evolución hacia la democracia económica a través de la colaboración, el compromiso o incluso por la vía del conflicto revolucionario, sino también con el análisis de las modificaciones que en ese proceso pueden ser introducidas por factores distintos a las capas más conservadoras de esa nueva clase obrera y de la tecnocracia, por las capas más vinculadas al socialismo, por todo lo que es un fenómeno social que tenemos que comprender en la crisis actual.

Ni hay que abandonarse a la ilusión creyendo que nos encontramos en una situación revolucionaria, ni hay que creer que no estamos en ella y que esas fuerzas contestatarias no representan nada; lo que hay que hacer es llegar a un análisis sociológico real que nos muestre las posibilidades que todo eso aporta, los caminos que puede tomar la evolución, los riesgos que comporta, para preguntarnos qué lugar deben ocupar los pensadores socialistas que intenten orientar las transformaciones en que se encuentra hoy la sociedad. Precisamente el gran valor de la dialéctica es no juzgar moralmente, no decir sólo: querernos la democracia, hay que introducirla, o: queremos la revolución, hay que hacerla, sino preguntarse cuáles son las fuerzas reales de transformación, cuál es la forma de hallar en la realidad, en el objeto, en la sociedad, el sujeto de la transformación, para tratar de hablar en su perspectiva y de garantizar, sabiendo perfectamente cuáles son los riesgos de fracaso, el camino hacia el socialismo.

REFERENCIAS

Fuentes de los textos reunidos en el presente volumen:

La importancia del concepto de conciencia posible para la comunicación. En *Le concept d'information dans la science contemporaine*, Cahiers de Royaumont, Editions de Minuit, 1965.

Posibilidades de acción cultural a través de los mass-media (1967). Comunicación al Seminario Internacional *«Mass-media» et création imaginaire*, patrocinado por el Institut de Sociologie de l'Art (Faculté des Lettres de Tours) y la Association Internationale pour la liberté de la Culture, fondation C.I.N.I., Venecia, octubre 1967.

La rebelión de las letras y de las artes en las civilizaciones avanzadas (1968). En *Liberté et organisation dans le monde actuel*, Bruselas, Desclée de Brouwer, Collection du Centre d'Etude de la Civilisation Contemporaine, 1969.

Las interdependencias entre la sociedad industrial y las nuevas formas de la creación literaria (1965). Inédito.

Pensamiento dialéctico y sujeto transindividual. «*Bulletin de la Société française de Philosophie*», año 64, n.° 3, julio-septiembre 1970.

La dialéctica, hoy. Esta exposición recoge el texto de una conferencia pronunciada por Lucien Goldmann en la Escuela de Verano de Korçula (Yugoslavia) a fines de agosto de 1970. Fue publicada en *L'homme et la Société*, n.° 19, enero-marzo 1971.